GENEZING DOOR BLOEMEN

Dr. Edward Bach

GENEZING DOOR BLOEMEN

Met een voorwoord van M. Meganck, arts

DE DRIEHOEK / AMSTERDAM

Dit boek is door de auteur en de uitgever met de grootst mogelijke zorg samengesteld. De auteur, de uitgeverij en haar gemachtigden kunnen op geen enkele wijze aansprakelijk gesteld worden voor eventuele schade aan personen, dieren, zaken of vermogen die op welke wijze dan ook het gevolg zou zijn van dit boek.

Bij twijfel, maar ook bij ogenschijnlijk onschuldige (gezondheids) klachten, raadpleeg altijd eerst uw (huis)arts.

Elfde druk, 2009

Oorspronkelijke titels: *The Twelve Healers / Heal Thyself / The Bach Remedies Repertory*

Uitgeverij Synthese B.V.
Postbus 61220
3002 HE Rotterdam
info@synthese.ws | www.synthese.ws
De Driehoek is een imprint van Uitgeverij Synthese

Nederlandse vertaling: H. Kaper
Boekomslag: Martin Kers en Pieter Kers/Het Vlakkeland, Rotterdam
Druk- en bindwerk: Wilco, Amersfoort

ISBN 978 90 6030 323 8
NUR 861

Inhoud

Voorwoord

De idee van individualisatie van het geneesmiddel voor elke zieke, die wij reeds bij Hippocrates aantreffen en die Samuel Hahnemann zo voorbeeldig uitgebouwd heeft tot de moderne homoeopathie, vinden wij als richtsnoer terug in de therapie van Edward Bach. De ons zo boeiende homoeopathische problematiek is nog verre van opgelost, hoewel de homoeopathische genezingen reeds niet meer te tellen zijn.

De acupunctuur schonk ons een topografische aardrijkskunde van de huid, waarbij de punten sterke overeenkomst vertonen met de huidpunten volgens Weihe, waarbij wij echter eveneens wat het mechanisme betreft nog in het duister tasten.

Wat wij wel weten is dat ieder homoeopathisch middel en ieder acupunctuurpunt bepaalde delen van onze ingewanden en weefsels tot reactie dwingt, met verreikende heilzame gevolgen voor lichaam en ziel.

De bloemenextracten van E. Bach zijn weliswaar maar één der parels van het homoeopathisch snoer, maar daarom niet minder waardevol. Wij hebben ze mogen toedienen aan een bonte reeks van patiënten; maag- en leverlijders en typische psycho-somatische zieken en altijd hebben wij de heilzame uitwerking op de geestesgesteldheid en dus ook op het ziektebeeld ervaren.

M. Meganck, arts

Inleiding

*Opgedragen aan allen die lijden
en menen geen hoop meer te mogen
koesteren op gezondheid en geluk.*

Evenals het lijden zich op een oneindig aantal verschillende wijzen manifesteert, zo is ook het aantal methoden met behulp waarvan het verlicht kan worden onbegrenst.

Via de publiciteitsmedia worden wij momenteel vertrouwd gemaakt met 'n toenemend aantal van deze therapieën, zoals: homoeopathie, acupunctuur, kruidentherapie, massage, waterkuren, lichtkuren, yoga, enz. enz. . . . Al deze therapieën overlappen elkaar gedeeltelijk wat hun werking betreft en kunnen dus vaak naar keuze gebruikt worden, hoewel zij natuurlijk alle hun specifieke therapeutische werking hebben.

Indien de Bach-therapie alleen maar weer een andere therapie zou zijn, zou het nauwelijks de moeite lonen de boeken van Dr. Bach te vertalen en in het Nederlands uit te geven.

De Bach-therapie is echter uniek en biedt therapeutische mogelijkheden, die met geen andere ons bekende therapie te verwezenlijken zijn; daarenboven is zij goedkoop en zo eenvoudig toe te passen, dat zij zelfs door de leek te gebruiken is, mede dankzij het feit dat *de Remedies volkomen onschadelijk zijn en zonder bezwaar in combinatie met elke andere therapie of elk ander geneesmiddel gebruikt kunnen worden.*

Dr. Edward Bach, een bekend Harley Street arts, bacterioloog en homoeopaath, was naast een uitnemend geneesheer ook een mysticus en een man begaafd met een hoog ontwikkeld intuïtief vermogen; een combinatie die, gesteund door een sterk doorzettingsvermogen en gebaseerd op een grote onbaatzuchtige liefde voor zijn medeschepselen, hem als het ware voorbestemde iets zeer belangrijks voor het welzijn der mensheid te doen.

Hij zag relaties die tot dan toe aan de officiële medische weten-

schap onbekend waren, zoals het verband tussen onevenwichtigheid binnen de darmflora en chronische ziekten. Een relatie die vóór hem ook reeds door Dr. Hahnemann, de grondlegger der homoeopathie geconstateerd was. Voor het opheffen van deze evenwichtsstoornissen binnen de darmflora ontwikkelde hij een zevental nosoden die zo effectief waren, dat zij internationale bekendheid verwierven en nog steeds door zowel homoeopathen als allopathen gebruikt worden.
Zijn droom was echter de ware geneeskunst te vinden; een geneesmethode die eenvoudig, goedkoop en effectief zou moeten zijn en waarvoor, naar zijn vaste overtuiging, de middelen in de natuur voorhanden zouden moeten zijn. Om zich geheel aan het vinden van die middelen te kunnen wijden, gaf hij in 1930 op 44-jarige leeftijd zijn lucratieve praktijk in Harley Street op om de rest van zijn leven een zwervend bestaan te leiden.
Tijdens deze periode slaagde hij er in door zijn innig contact met de natuur en dankzij zijn scherpe opmerkingsgave en hoog ontwikkeld intuïtief vermogen, de 38 Remedies te vinden, waaruit zijn therapie bestaat. Hoe dit in zijn werk gegaan is vindt u uitvoerig in zijn biografie *Nora Weeks, The Medical Discoveries of Edward Bach, Physician* (The C. W. Daniel Company Ltd. Ashingdon Rochford, Essex England).
Het unieke van de Bach Remedies is dat zij niet werken op lichamelijke ziektesymptomen, doch deze wel doen verdwijnen door harmonisatie van karakter en geest. Dat disharmonieën in het karakter en stemmingen bepaalde ziektesymptomen kunnen veroorzaken wordt momenteel ook door de medische wetenschap erkend, die deze combinaties van symptomen en stemmingen groepeert onder de naam psycho-somatische ziekten, waarbij een wisselwerking tussen de psyche en het lichaam verondersteld wordt. Juist in dit gebied ligt de grote waarde van de Bach Remedies, die specifiek werken op alle mogelijke vage klachten. Zij nemen deze klachten weg of doen ze sterk verminderen door de karakterstructuur in harmonie te brengen en negatieve stemmingen op te heffen.
Dat hun effectiviteit verder gaat dan het opheffen van vage klach-

ten alleen wordt in het eerste deel duidelijk gemaakt. Natuurlijk werken de Bach Remedies niet in alle gevallen waar sprake is van ziektesymptomen die het gevolg zijn van intoxicatie, bijvoorbeeld een verkeerde voedingswijze. In deze gevallen kunnen de Bach Remedies niet meer doen dan de negatieve stemmingen die als gevolg van de ziekte bij de patiënt opkomen, bestrijden.
Dat Dr. Bach hiervan in zijn boekje geen melding maakt vindt natuurlijk haar oorzaak in het feit, dat 50 jaar geleden de voedingsmiddelen minder geraffineerd en chemisch verontreinigd waren. De artsen beschikten toen ook nog niet over de huidige sterk werkende medicijnen met hun even sterke bijwerking, waardoor iatrogene ziekten en de typische welvaartsziekten veel minder voorkwamen.

Zijn de Remedies geïndiceerd dan werken zij altijd op ieder levend organisme, mens, plant of dier zonder bijverschijnselen te veroorzaken of tot verslaving te leiden. Een verkeerd gekozen middel veroorzaakt slechts financiële schade.
Als voorbeeld van de werking der Remedies kunnen wij het best de „Eerste Hulp Remedie" nemen, daar deze al vele malen op vaak spectaculaire wijze de effectiviteit van de Remedies heeft aangetoond. De „Eerste Hulp Remedie" is samengesteld uit een aantal verschillende bloemenessenties die alle gemeen hebben, dat zij stemmingen die plotseling neigen op te komen corrigeren. Het wordt dan ook in al die gevallen gegeven waarin sprake is van een acuut lijden, zoals een ongeval, een hevige schrik, een slecht bericht, een wespensteek enz. enz. . . . Het corrigeert in deze gevallen de mentale bijverschijnselen van het gebeurde zoals schrik en angst, waardoor het genezingsproces direct op gang kan komen. Dit middel zou dan ook in geen enkel huisgezin mogen ontbreken, daar dit soort situaties zich natuurlijk speciaal bij kinderen veelvuldig voordoet.
Minstens zo belangrijk als het genezend effect van de Remedies, is de preventieve werking die voorkomt dat karakterfouten en negatieve stemmingen op den duur ziektesymptomen kunnen veroorzaken.

Tot slot wil ik nog wijzen op het belang van de Bach Remedies voor het verbeteren der intermenselijke relaties binnen het gezin of andere maatschappelijke groepsverbanden, waar disharmonieuse karakters en negatieve stemmingen zeer storend kunnen werken, op de levensvreugde en het geluk van de gehele groep.
Ik hoop dat deze vertaling er toe zal bijdragen de droom van Dr. Bach, de ware geneeskunde, een brede bekendheid te geven en zo veel onnodig lijden te voorkomen, te verwezenlijken.

De vertaler

Genees uzelf

Opgedragen aan allen die lijden of in nood verkeren.

I

Dit boek bedoelt geenszins de nutteloosheid van de medische wetenschap aan te tonen, niets is minder waar. Wat het in alle bescheidenheid wil zijn, is een wegwijzer voor hen die lijden, bij het zoeken in zichzelf naar de werkelijke oorsprong van hun ziekten, zodat zij hun eigen genezing kunnen bevorderen. Bovendien hopen wij, dat het diegenen onder de doktoren en geestelijken, die het welzijn van de mensheid ter harte gaat, zal inspireren, hun inspanningen gericht op het verlichten van het menselijk lijden te verdubbelen en zo de dag sneller dichterbij te brengen, waarop ziekte volledig overwonnen zal zijn.

De voornaamste reden voor het falen van onze medische wetenschap, is het zich uitsluitend concentreren op de uiterlijke verschijnselen of symptomen der ziekte en niet op de diepere oorzaken.
Reeds eeuwenlang wordt het inzicht in de ware aard der ziekten verduisterd door onze materialistische levensbeschouwing, waardoor de ziekte, aangezien zij niet in haar oorsprong is aangepakt, alle gelegenheid heeft gehad haar verwoestende werking uit te breiden.
Een dergelijke situatie is vergelijkbaar met de toestand in een land, waarin de vijand zich goed verschanst heeft in de bergen en van daaruit met steeds terugkerende querilla-acties, het omliggende laagland teistert, terwijl de bevolking, de vijandelijke stellingen negeert en na iedere actie volstaat met het herstellen van de beschadigde huizen en het begraven der doden.

Zo, in zijn algemeenheid, is momenteel de situatie binnen de medische wetenschap; uitsluitend oplappen van de getroffenen en begraven van doden, zonder zelfs maar een moment stil te staan bij de locatie van de vijand.

Ziekte zal nooit genezen of uitgebannen kunnen worden met de huidige materialistische methoden en wel om de eenvoudige reden, dat ziekte qua oorsprong niet materieel is. Hetgeen wij als ziekte kennen, is niets anders als het eindresultaat van een langdurig en diep in het organisme zetelend proces en zelfs als een uitsluitend materiële behandeling schijnbaar succesvol is, betekent dit toch nooit meer dan een tijdelijke verlichting der klachten tot de werkelijke oorzaak verwijderd is. De huidige visie van onze medische wetenschap volgens welke ziekte, waarvan zij de ware aard niet kent, alleen maar een fysiologische uiting is van het fysieke lichaam, heeft de macht van de ziekte enorm doen toenemen, ten eerste, doordat hij het denken van de mens georiënteerd heeft in een richting, die het vinden van de ware oorsprong der ziekte en dus ook een effectieve bestrijdingsmethode onmogelijk maakt, en ten tweede, doordat hij, door de ziekte tot een materieel verschijnsel te verklaren, de zieken hoop op herstel ontneemt, en zo een geweldig angstcomplex voor ziekte oproept, dat iedere grond mist en nooit had mogen ontstaan.

De essentie van ziekte is een conflict tussen ziel en geest en zij is dan ook alleen maar te genezen door geestelijke en verstandelijke inspanningen. Dergelijke inspanningen, met gezond verstand en op de juiste wijze, waarop wij later zullen ingaan, verricht, kunnen ziekte genezen en voorkomen door het verwijderen van die faktoren die haar primaire oorzaak zijn. Geen enkele therapie die uitsluitend op het fysieke lichaam gericht is, kan meer uitrichten dan een oppervlakkig herstel der schade, hetgeen natuurlijk niets met genezing te maken heeft, aangezien de oorzaak nog steeds doorwerkt en zich op ieder moment weer kan openbaren, eventueel in een andere vorm. In feite is in vele gevallen een schijnbaar herstel schadelijk, aangezien dit voor de patiënt de ware oorzaak van zijn lijden verborgen houdt, welke faktor, zolang de patiënt zich er niet van bewust is, in sterkte kan toenemen. Stellen wij hier tegenover het geval van een patiënt die zich bewust is, of die door een verstandig arts bewust gemaakt is, van de aard van bepaalde schadelijke geestelijke en verstandelijke krachten, waarvan de uitwerking middels het fysieke lichaam zich openbaart in datgene, wat wij ziekte noemen. Indien die patiënt meteen probeert die krachten te neutraliseren, zal zijn gezondheid verbeteren, evenredig met het succes van zijn inspanningen en wanneer hij geheel geslaagd is zal zijn ziekte verdwijnen. Dit nu is het echte genezen, waarbij de diepe oorsprong van het lijden aangepakt wordt.

Een van degenen, die een uitzondering vormt op de materialistische methoden van de moderne wetenschap, is de grote Hahnemann, de grondlegger van de Homoeopathie, die uitgaande van de weldoende liefde van de Schepper, en de Goddelijkheid in de mens, bij het bestuderen van de verstandelijke houding van zijn patiënten ten opzichte van het leven, het milieu en hun respectieve ziekten, gepoogd heeft, onder de kruiden van het veld, zowel als in de andere rijken der natuur, remedies te vinden, die niet alleen hun lichamen zouden genezen, maar tegelijkertijd hun inzicht zouden vergroten. Moge zijn wetenschap uitgebreid en ontwikkeld worden door die ware geneesheren, die de liefde voor de mensheid in hun hart dragen.

Vijfhonderd jaar voor Christus hebben enkele artsen in het oude India, werkend onder de invloed van Boeddha, de kunst van het genezen zo geperfectioneerd, dat zij het zonder chirurgie konden stellen, hoewel de chirurgie in hun tijd, minstens even hoog ontwikkeld was als heden ten dage. Mensen als Hippocrates met zijn geweldige idealen betreffende genezing, Paracelsus met zijn overtuiging omtrent de goddelijkheid van de mens, en Hahnemann die zich realiseren dat ziekte haar oorsprong heeft in een niveau boven het fysieke, zij allen wisten veel van de ware aard van het lijden en de remedies ertegen. Wat een onvoorstelbare ellende zou de mensheid bespaard zijn gebleven, indien gedurende de laatste twintig of vijfentwintig eeuwen de leer van deze grote meesters der geneeskunst, nagevolgd zou zijn, maar, zoals ook op andere terreinen, had het materialisme de westerse wereld zo sterk in haar macht en gedurende zo'n lange periode, dat de stemmen van de zogenaamde praktici, het advies van hen die de waarheid kenden, overstemd hebben.

Kort gezegd is ziekte, hoewel schijnbaar wreed, in werkelijkheid onze weldoenster en helpster, die op de juiste wijze verstaan, ons zal leiden naar onze wezenlijke fouten. Op de juiste wijze behandeld, zal zij er de oorzaak van zijn, dat wij onze fouten kwijtraken en zij zal ons als een groter en beter mens achterlaten. Lijden is een middel om ons een les te leren, die wij op andere wijze niet in ons hebben kunnen opnemen en het is daarom onmogelijk dit lijden op te heffen, zolang die les niet geleerd is. Men dient eveneens te beseffen, dat zij, die begrijpen en in staat zijn de betekenis van waarschuwingssymptomen te lezen, ziekte kunnen voorkomen, of tot staan brengen in een eerste stadium, door het zich getroosten van de juiste corrigerende spirituele en verstandelijke inspanningen. In geen enkel geval, hoe ernstig ook, bestaat er reden tot wanhoop, daar het feit, dat het individu fysiek nog leeft, een aanwijzing is dat de ziel, die het geheel bestuurt, nog hoop heeft.

II

Teneinde het wezen van ziekte te begrijpen is het noodzakelijk enkele fundamentele waarheden als uitgangspunt te aanvaarden.

Het eerste axioma is, dat de mens een ziel heeft, zijn echte ik; een goddelijk machtig wezen, een zoon van de Schepper van het heelal, waarvan het lichaam, hoewel de aardse tempel van de ziel, slechts een zwakke afschaduwing is. Dat deze ziel, onze goddelijke vonk, zich in en om ons bevindt, ons leven voor ons uitstippelt naar zijn inzicht, en, als wij daar tenminste voor openstaan, ons voortdurend leidt, beschermt en aanmoedigt, er steeds voor zorgend dat wij het hoogste, dat er voor ons te behalen valt, bereiken: dat zij, ons hogere ik, zijnde een goddelijke vonk, daardoor onoverwinnelijk en onsterfelijk is.

Het tweede principe is, dat wij als lichamelijke verschijnselen in deze wereld aanwezig zijn teneinde alle kennis en ervaring, die door een aards bestaan verkregen kunnen worden, te vergaren, deugden te ontwikkelen die wij niet bezitten, alles uit te wissen dat in ons niet deugt, en zo de vervolmaking van ons wezen te naderen. De ziel nu weet, welk milieu en welke omstandigheden het meest geschikt zijn voor ons om dat te verwezenlijken, en plaatst ons dus in die levensomstandigheden die dat doel het beste dienen.

Ten derde dienen wij ons te realiseren, dat het korte verblijf op deze aarde, dat wij als leven kennen, slechts een flits is in onze totale evolutie, zoals één schooldag dat is in ons leven en hoewel wij momenteel alleen nog maar die éne dag kunnen waarnemen en begrijpen, zegt onze intuïtie ons, dat onze geboorte oneindig ver af ligt van ons begin en onze dood oneindig ver van ons einde.

Onze zielen, ons ware zelf, zijn onsterfelijk, terwijl onze fysieke lichamen slechts tijdelijke verschijnselen zijn, zoiets als paarden die wij gebruiken om ons te verplaatsen, of gereedschappen om een bepaald werk te doen.

Het volgende belangrijke vierde principe is dat, zolang onze zielen en onze persoonlijkheden in harmonie zijn, alles vreugde, geluk en gezondheid is. Een interne conflictsituatie treedt echter op, wanneer onze persoonlijkheid afdwaalt van de koers die door de ziel uitgezet is, of als gevolg van het toegeven aan wereldse verlangens, of onder druk van anderen. Een dergelijk conflict vormt de grondoorzaak van ziekte en ongeluk. Wat onze werkzaamheden in deze wereld ook moge zijn – schoenpoetser of koning, landeigenaar of boer, arm of rijk – zolang wij dat werk doen in overeenstemming met de intenties van de ziel, is alles goed. Wees er verder van overtuigd, dat in welke levensomstandigheden wij ook geplaatst worden, vorstelijke of armelijke, daarin de lessen en ervaringen voorhanden zijn, die wij op dat moment nodig hebben voor onze evolutie en die het meest effectief zijn voor de ontwikkeling van onszelf.
Het volgende belangrijke axioma is de eenheid van alle dingen, geschapen door liefde, de schepper van het heelal. Alles waar wij ons van bewust zijn, is in zijn oneindige veelheid van verschijningsvormen een manifestatie van die liefde, of het nu een planeet of een steen, een ster of een dauwdruppel, een mens of de laagste vorm van leven is. Men kan proberen zich hiervan een voorstelling te maken, door zich onze Schepper in te denken als een groot gloeiend centrum van weldadigheid en liefde, van waaruit een oneindig aantal stralen in alle richtingen lopen, terwijl wij en al de ons bewuste verschijnselen zich aan het uiteinde van die stralen bevinden, uitgezonden om ervaring en kennis op te doen, doch uiteindelijk weer terug te keren naar het grote centrum.
Hoewel het ons dus zou kunnen voorkomen, alsof iedere straal een afzonderlijk en afgescheiden geheel vormt, zijn zij alle in werkelijkheid een deel van de grote centrale zon. Afscheiding is onmogelijk, want zodra een lichtstraal afgesneden wordt van haar bron,

houdt zij op te bestaan. Op deze wijze kunnen wij ons enig idee vormen van de onderlinge samenhang van alle verschijnselen.

Want, hoewel iedere straal zijn eigen individualiteit heeft, maakt hij deel uit van de grote centrale scheppende kracht. Daarom heeft iedere daad of intentie gericht tegen onszelf of onze medeschepselen een invloed op de totaliteit, daar iedere onvolkomenheid van een deel weerspiegeld wordt in het geheel, waarvan ieder onderdeel uiteindelijk volmaakt moet worden.

Uit het bovenstaande is duidelijk dat er twee zeer belangrijke fundamentele fouten bestaan: het scheiden van onze zielen en onze persoonlijkheden, en wreedheid of onrechtvaardigheid ten opzichte van anderen, wat een zonde tegen de eenheid is. Beide leiden tot disharmonie, de diepe oorzaak van ziekte. Inzicht in wanneer en waar wij een fout maken (iets wat wij ons maar zelden realiseren) en het serieus pogen de gemaakte fouten te herstellen, zal ons niet alleen een leven van vreugde en vrede schenken, maar ook gezondheid.

Ziekte is in wezen een zegen, en heeft tot doel de persoonlijkheid weer in harmonie te brengen met de goddelijke wil van de ziel, zij kan dan ook voorkomen en vermeden worden door ons bewust te worden van de fouten die wij begaan en deze te corrigeren langs spirituele of verstandelijke weg. In dat geval is er namelijk geen noodzaak voor de harde lessen van het lijden. De goddelijke macht geeft ons alle gelegenheid tot zelfcorrectie, voordat, als laatste middel, pijn en lijden moeten worden opgelegd. Het kan zijn, dat het niet gaat om fouten die in dit leven, in deze schooldag, begaan zijn, waartegen wij moeten strijden, zodat ons lijden, waarvoor wij verstandelijk geen verklaring hebben, ons wreed en zinloos voorkomt. Onze zielen (en dat zijn wij zelf) kennen de gehele achtergrond en leiden ons zo goed mogelijk. Hoe dan ook, inzicht in en het corrigeren van onze fouten zal onze ziekte bekorten en ons onze gezondheid teruggeven. Het kennen van het doel van de ziel en het zich schikken overeenkomstig deze kennis, betekent een verlichting van het aardse lijden en maakt ons vrij voor onze ontwikkeling in vreugde en geluk.

Er zijn dus twee grote fouten die wij kunnen maken: ten eerste het niet erkennen van en gehoorzamen aan de richtlijnen van onze ziel. Ten tweede, het handelen in strijd met en gericht tegen de eenheid. Wat de eerste betreft, wees altijd voorzichtig met het over anderen oordelen, omdat wat goed is voor de één, fout kan zijn voor een ander. De zakenman, die tot taak heeft een grote zaak op te bouwen, niet alleen ten eigen bate, maar ook voor het welzijn van al degenen die hij in dienst heeft, een taak waarbij hij kennis opdoet inzake efficiency en bestuur en deugden ontwikkelt die daarmede verband houden, dient natuurlijk van andere deugden en kwaliteiten gebruik te maken dan een verpleegster die haar leven wijdt aan het verzorgen van zieken. Toch leren beiden, indien zij tenminste aan de richtlijnen van hun zielen gehoor geven, die lessen en ontwikkelen die kwaliteiten, die voor hun evolutie noodzakelijk zijn. Wat belangrijk is, is het gehoorzamen aan de bevelen van onze ziel, ons hoger ik, iets wat wij leren middels ons geweten, ons instinct en onze intuïtie.

Wij zien dus dat ziekte, in principe en in wezen, te voorkomen en te genezen is en het is de taak van genezers en artsen, om naast materiële remedies, de zieken inzicht te geven in de fouten die zij in hun leven gemaakt hebben en in de manier waarop deze fouten uitgewist kunnen worden, om zo ziekte en verdriet te veranderen in gezondheid en vreugde.

III

Wat wij als ziekte kennen is het eindstadium van een veel dieper liggende stoornis, en het is daarom duidelijk, dat, wil een behandeling volledig succes hebben, niet alleen het eindstadium, maar eerst en vooral de diepe oorzaak weggenomen dient te worden.

De belangrijkste fout die de mens kan maken, is het handelen in strijd met de eenheid! De oorsprong hiervan is eigenliefde. De belangrijkste beproeving van de mens is onbehagen of ziekte. Nu, juist zoals de handelingen in strijd met de eenheid in verschillende categorieën ingedeeld kunnen worden, zo kan ook de ziekte – het resultaat van deze handelingen – in een aantal hoofdgroepen, op basis van haar oorzaken, ingedeeld worden. Het wezen van een ziekte is een goede gids bij het opsporen van het soort gedrag dat strijdig is met de goddelijke wet van liefde en eenheid.

Als wij in onze aard voldoende liefde hebben voor alles wat ons omringt, dan kunnen wij geen kwaad doen, omdat de liefde onze hand tegen zal houden bij iedere daad en ons verstand zal wakker schudden bij iedere gedachte, waardoor één van onze medeschepselen geschaad zou worden. Helaas hebben wij die staat van vervolmaking nog niet bereikt; was dit namelijk wel zo dan zouden wij hier niet behoeven te zijn. Wij allen streven er echter naar die toestand te bereiken met meer of minder succes, en degenen onder ons die lijden, lichamelijk of geestelijk, worden dankzij dit lijden dichter bij deze ideale status gebracht. Als wij de tekenen juist zouden verstaan, zouden wij niet alleen de voortgang naar ons doel versnellen, maar onszelf ook ziekte en pijn besparen. Zodra de les begrepen is en de fout gecorrigeerd, is verdere straf overbodig, daar het lijden geen wreker, doch in wezen een weldoener is, die ons erop wijst, wanneer wij het verkeerde pad opgaan en zo onze evolutie naar een glorieuze volmaaktheid versnelt.

De ware ziekten van de mens zijn gebreken als: trots, wreedheid, haat, eigenliefde, onwetendheid, onevenwichtigheid en hebzucht; en elk van deze eigenschappen zal bij nadere beschouwing blijken strijdig te zijn met de eenheid van alle dingen. Zulke gebreken zijn dus de ware ziekten (waarbij wij het woord ziekte hier in de moderne betekenis gebruiken). Het is het laten bestaan en laten voortduren van zulke gebreken, nadat wij een ontwikkelingsstadium bereikt hebben, waarbij wij weten dat zij verkeerd zijn, waardoor in het lichaam een situatie ontstaat, die wij als ziekte kennen.

Trots is ten eerste te wijten aan een overschatting van de persoonlijkheid en het negeren van haar volledige afhankelijkheid van de ziel, waardoor de misvatting ontstaat dat alle successen eigen verdienste zijn in plaats van zegeningen door de goddelijkheid in ons.

Ten tweede, aan een gebrek aan relativiteitsbesef, waardoor de kleinheid van een individu te midden van de schepping niet wordt gerealiseerd. Daar trots altijd weigert zich met nederigheid en overgave te buigen voor de wil van de grote Schepper, handelt zij voortdurend in strijd met die Wil. Wreedheid is een ontkenning van de eenheid der schepping en het onvermogen te begrijpen, dat een daad gericht tegen een ander schepsel, tegen de totaliteit gericht is en dus strijdig met de eenheid. Niemand zal wreed zijn ten opzichte van degenen, die hem lief zijn of hem na staan. Het principe der eenheid vereist nu, dat wij ons zover ontwikkelen, dat wij begrijpen, dat alles en iedereen, als deel van het geheel, ons na moet staan en ons lief moet zijn, met als uiterste consequentie, dat zelfs degenen die ons veroordelen alleen maar gevoelens van liefde en sympathie bij ons oproepen.

Haat is de antagonist van liefde, de achterzijde van de Wet van de Schepping. Zij is strijdig met het goddelijk plan en vormt een ontkenning van de Schepper; zij leidt alleen maar tot handelingen en gedachten gericht tegen de eenheid en tegengesteld aan de richtlijnen gebaseerd op de liefde.

Eigenliefde is eveneens een ontkenning van de eenheid en onze plicht ten opzichte van onze medemensen, doordat het er ons toe brengt onze eigen belangen meer aandacht te geven dan het welzijn van de mensheid, en de zorg voor en de bescherming van onze medeschepselen in onze directe omgeving. Onwetendheid is het onvermogen te leren, het weigeren de waarheid te zien, wanneer de gelegenheid zich daartoe voordoet en leidt tot een veelheid van gemaakte fouten, zoals dat alleen maar in duisternis mogelijk is. Badend in het licht van waarheid en kennis zouden wij deze nooit kunnen begaan.

Onevenwichtigheid, besluiteloosheid en onvoldoende motivatie ontstaan wanneer de persoonlijkheid zich niet wil laten leiden door zijn hogere ik en brengt ons er toe, als gevolg van onze zwakte, anderen te verraden. Een dergelijke toestand zou onmogelijk zijn, indien wij innerlijk overtuigd zouden zijn van de onoverwinnelijke goddelijkheid, die wij in werkelijkheid zijn.

Hebzucht leidt tot de wens naar macht. Het is de ontkenning van de vrijheid en de individualiteit van elke ziel. In plaats van zich te realiseren dat een ieder van ons hier beneden is om in vrijheid en uitsluitend volgens de aanwijzingen van de ziel, de voor hem bestemde weg te gaan, teneinde zijn individualiteit te ontwikkelen en in vrijheid en ongehinderd te werken, willen hebzuchtige karakters voorschrijven, bevelen en de persoonlijkheid van anderen modelleren, zich daarbij als het ware de macht van de Schepper aanmatigend.

Dit zijn voorbeelden van de ware ziekten, die de oorsprong en de basis vormen van al ons lijden en onze nood. Ieder van deze karakterfouten zal, indien niet gecorrigeerd onder aandrang van de stem van het hoger ik, een conflict voortbrengen, dat onvermijdelijk zijn afspiegeling zal vinden in een overeenkomstige ziekte van het fysieke lichaam.

Wij zijn nu in staat te begrijpen, hoe het soort ziekte waar wij eventueel aan zouden lijden, ons tot gids is bij het opsporen van de fout die aan onze aandoening ten grondslag ligt. Neem bijvoorbeeld trots, een uiting van arrogantie en starheid van geest. Deze karaktereigenschap zal dat soort ziekten voortbrengen, die gepaard gaan met onbeweeglijkheid en stijfheid van het lichaam. Pijn is de consequentie van wreedheid, waarbij de patiënt, door eigen lijden geleerd wordt wat men anderen, zowel fysiek als mentaal, aan kan doen. De straffen die op haat staan, zijn eenzaamheid, onbeheerste woedeuitbarstingen, zenuwinstortingen en hysterieachtige verschijnselen. De introspecte ziekten – neurose, neurasthenie en soortgelijke aandoeningen – die het leven zo vreugdeloos maken, zijn het gevolg van een overmatige eigenliefde of egoïsme. Onwetendheid en domheid veroorzaken hun specifieke problemen in het dagelijkse leven en als men bovendien met een zekere hardnekkigheid de waarheid niet wil zien, als daarvoor een kans wordt geboden, dan zijn de logische consequenties: bijziendheid en achteruitgaan van gezichtsvermogen en gehoor. Onevenwichtigheid van geest moet tot dezelfde hoedanigheid in het lichaam leiden, gepaard gaande met de verschillende stoornissen met betrekking tot beweging en coördinatie. Het gevolg van hebzucht en het overheersen van anderen is het soort ziekte, dat de lijder tot een slaaf van zijn eigen lichaam maakt, waarbij zijn wensen en ambities door de kwaal onderdrukt worden.

Bovendien is ook het lichaamsdeel dat door de ziekte getroffen is, een aanwijzing voor ons, aangezien het ziektesymptoom natuurlijk niet willekeurig is, maar in overeenstemming met de wet van oorzaak en gevolg. Zo ontstaan bijvoorbeeld aandoeningen van het hart, de levensbron en dus ook de bron der liefde, indien in het bijzonder de naastenliefde, als aspect van het karakter, onontwikkeld of verkeerd gericht is. Een aandoening van de handen wijst op verkeerde of slechte daden. Indien de hersenen, het bestuurscentrum, aangedaan zijn, wijst dat op een onvoldoende zelfbeheersing. Dit zijn de consequenties van de fundamentele wet. Wij zijn het allemaal eens over de vele gevolgen van een woedeuitbarsting, of van schrik verzoorzaakt door onverwacht slecht nieuws. Indien de meest gewone zaken reeds een uitwerking op het lichaam hebben, hoeveel ernstiger en ingrijpender moet dan wel de uitwerking van een langdurig conflict tussen ziel en lichaam zijn. Het is dan ook niet te verwonderen, dat wij heden ten dage met zoveel ernstige en tragische ziekten geconfronteerd worden.
Toch is er geen reden tot wanhoop. Het voorkomen en genezen van ziekten kan bewerkstelligd worden door datgene in ons wat verkeerd is, op te sporen en deze fout te corrigeren door een bewuste ontwikkeling van de deugd die haar teniet doet. Niet door het verkeerde te bestrijden, maar door het te overspoelen met een golf van de tegengestelde deugd, bevrijden wij ons van onze fouten.

IV

Wij hebben dus gezien dat er niets toevallig is aan ziekte, noch wat de aard betreft, noch wat het lichaamsdeel betreft dat is aangedaan; evenals alle energieverschijnselen, beantwoordt zij aan de wet van oorzaak en gevolg. Bepaalde ziekten kunnen een aansluitend fysieke oorzaak hebben, zoals die aandoeningen die het gevolg zijn van vergiftiging, ongelukken, verwondingen en overmatigheid. Over het algemeen is ziekte echter het gevolg van een fundamentele fout in onze constitutie, zoals in de reeds gegeven voorbeelden. Voor een volledige genezing moeten wij dus niet alleen fysieke therapeutische middelen toepassen, waarbij wij natuurlijk altijd de beste methoden kiezen, die in de geneeskunde bekend zijn, maar de patiënt moet tevens zijn uiterste best doen iedere fout in zijn karakter te corrigeren. De uiteindelijke en volledige genezing komt namelijk van binnenuit, vanuit de eigen ziel, die door haar weldadige uitstraling de persoonlijkheid in harmonie brengt, wanneer zij daartoe tenminste in de gelegenheid gesteld wordt.

Net zoals er één fundamentele oorzaak voor iedere ziekte is, namelijk egoïsme, is er ook één zekere methode ieder lijden te verlichten, namelijk de transformatie van eigenliefde in de toewijding aan anderen. Indien wij er in slagen in voldoende mate onszelf te kunnen verliezen in de liefde en zorg voor onze naasten, en daarbij te ervaren hoe heerlijk het is kennis op te doen en anderen te helpen, zal ons eigen lijden snel over zijn. Dit vormt het grote uiteindelijke doel: het verdwijnen van onze eigen belangen in dienst van de mensheid. Het speelt geen enkele rol in welke levensomstandigheden onze goddelijkheid ons geplaatst heeft. Of wij een vrij beroep uitoefenen of in loondienst zijn, arm of rijk, bedelaar of koning, voor een ieder is het mogelijk het werk te doen waartoe hij geroepen is en toch een ware zegen te zijn voor degenen om hem heen, door het uitstralen van de goddelijke naastenliefde.

Het merendeel van ons heeft echter nog een lange weg te gaan, voordat zij deze staat van volmaaktheid bereikt hebben, hoewel het verwonderlijk is hoe snel een individu zich in deze richting kan ontwikkelen indien hij zich daar echt toe zet, op voorwaarde dat hij niet alleen op zijn eigen kleine persoonlijkheid vertrouwt, maar er rotsvast van overtuigd is, dat hij, naar het voorbeeld en de leer van de grote meesters, in staat zal zijn één te worden met zijn eigen ziel, de innerlijke goddelijkheid, waardoor alles mogelijk wordt. De meesten onder ons zijn behebt met één of meer slechte eigenschappen die onze vooruitgang sterk vertragen. Het zijn vooral deze fout of fouten, waarnaar wij in onszelf moeten zoeken en die wij tijdens het ontwikkelen en uitbreiden van de aspecten van liefde voor onze medeschepselen uit ons karakter moeten proberen te verwijderen, door onze aard met de antagonistische deugd te overspoelen. In het begin kan dit wat moeilijk zijn, maar dat is slechts in het begin, want het is opmerkelijk hoe snel een serieus gestimuleerde deugd in kracht toeneemt, zeker als het samengaat met de overtuiging dat met de hulp van de goddelijkheid in ons en wat doorzettingsvermogen van onze kant, mislukking uitgesloten is.

Bij het ontwikkelen van de universele liefde in ons, dienen wij ons in steeds grotere mate bewust te worden van het feit, dat ieder menselijk wezen, hoe laagstaand ook, een kind van de Schepper is, en dat hij eens, evenals wij allen, ook de weg naar volmaaktheid zal betreden. Hoe laag een mens of medeschepsel ook mag schijnen, wij moeten steeds bedenken, dat zich ook in hem de goddelijke vonk bevindt, die langzaam maar zeker zal groeien totdat de heerlijkheid der Schepper ook dat medeschepsel doorstraalt.

Bovendien is de vraag van wat goed of slecht is, of wat juist of verkeerd, een zuiver relatieve. Datgene wat juist is in de natuurlijke evolutie van de primitieve mens, zou verkeerd zijn voor de meer verlichte mens van onze beschaving, en dat wat een deugd in ons zou zijn, zou misplaatst en dus verkeerd zijn in iemand die de verlichting bereikt heeft. Wat wij verkeerd of slecht noemen, is in werkelijkheid goed dat misplaatst is, hetgeen dus zuivere relativiteit is. Zo dienen wij ook te bedenken, dat onze idealistische normen eveneens relatief zijn; voor dieren moeten wij echte goden lijken, terwijl wij qua niveau veel lager staan dan de witte broederschap van heiligen en martelaren, die zich geofferd hebben om ons tot voorbeeld te dienen. Daarom moeten wij mededogen en sympathie voor de laagsten onder ons hebben, want ondanks de overtuiging dat wij qua ontwikkeling ver boven hen staan, zijn wij natuurlijk nergens en hebben nog een lange weg te gaan, voordat wij het niveau bereikt hebben van onze oudere broeders, die de eeuwen door onze wereld verlicht hebben.

Als wij overvallen worden door trots, laten wij ons dan trachten te realiseren dat onze persoonlijkheid alleen niets is, niet in staat tot enig zegenrijk werk of echte hulp, noch sterk genoeg de krachten der duisternis te weerstaan, als ze niet bijgestaan wordt door het licht, dat van boven op ons valt, het licht van onze ziel. Laten wij ook iets proberen te begrijpen van de almachtigheid en onvoorstelbare grootsheid van onze Schepper, die een complete wereld maakt in een waterdruppel zowel als reeksen van universums, en bedenk dan hoe nederig wij zouden moeten zijn in onze volledige afhankelijkheid van hem. Wij leren eerbied en respect te hebben voor onze meerderen onder de mensen; hoe oneindig veel groter dient onze nederigheid, in het besef van onze nietigheid, te zijn voor de grote architect van het heelal!
Indien wreedheid of haat ons de weg naar verdere ontwikkeling versperren, laten wij ons dan realiseren dat liefde het fundament der schepping is, dat iedere levende ziel iets goeds in zich heeft, net zoals er in de beste onder ons iets is, dat wij slecht noemen.

Door het goede in anderen te zoeken, zelfs in degenen die ons zonder meer afstoten, zullen wij tenminste wat sympathie voor anderen leren ontwikkelen plus de hoop dat zij zich zullen beteren.

Het volgende stadium is dan de wens hun bij te staan bij die verheffing. Alles wordt uiteindelijk overwonnen door liefde en vriendelijkheid en wanneer wij die twee qualiteiten in voldoende mate ontwikkeld hebben, zal niets ons kunnen treffen, omdat wij altijd erbarmen zullen hebben en geen weerstand zullen bieden; want, ook hier geldt de wet van oorzaak en gevolg, het is de weerstand waardoor wij verwond worden.
Ons doel in het leven is de voorschriften te volgen van ons hoger ik, onafhankelijk van anderen. Dit kunnen wij alleen maar verwezenlijken als wij rustig onze eigen weg gaan, zonder daarbij tegelijkertijd inbreuk te maken op de persoonlijkheid van anderen of zelfs maar het geringste leed te berokkenen ten gevolge van haat of wreedheid. Wij moeten leren anderen lief te hebben, waarvoor wij bijvoorbeeld met één mens of zelfs een dier kunnen beginnen, om daarna deze liefdesgevoelens te laten groeien en hun werkingssfeer steeds verder uit te breiden, tot de antagonistische fouten ervan vanzelf verdwijnen. Liefde brengt liefde voort, zoals haat, haat.

Het genezen van egoïsme wordt bewerkstelligd door het op de buitenwereld richten van de zorg en de aandacht die wij aan onszelf wijden, waardoor wij dan zo in beslag genomen zullen worden door het welzijn van anderen, dat wij onszelf zullen vergeten. Zoals een grote Broederschapsorde het uitdrukt: „het zoeken van verlichting van onze eigen nood door het brengen van verlichting en troost aan onze medeschepselen in hun uren van beproeving", en inderdaad is er geen effectievere methode om ons van onze eigenliefde en de stoornissen die daar het gevolg van zijn, te genezen.

Onevenwichtigheid kan gecorrigeerd worden door het ontwikkelen van zelfbewustzijn, door een besluit te nemen en de dingen met vastbeslotenheid te doen in plaats van te weifelen en te twijfelen.

Zelfs als wij in het begin fouten zouden maken, is het toch beter te handelen dan gelegenheden te laten voorbij gaan door gebrek aan besluitvaardigheid. Vastbeslotenheid zal spoedig toenemen; vrees om zich in het leven te storten zal afnemen en de opgedane ervaringen zullen ons oordeelsvermogen vergroten.

Om onwetendheid te corrigeren, nogmaals laten wij niet bang zijn ervaringen op te doen, doch onze geest ontvankelijk te maken en met onze oren en ogen wijd open ieder stukje kennis dat te vergaren is in ons op te nemen. Tegelijkertijd moeten wij ons denken flexibel houden, daar wij anders door vooropgezette meningen en oude overtuigingen onszelf beroven van de gelegenheid nieuwe en bredere kennis op te doen. Wij moeten altijd bereid zijn onze geest te verruimen en iedere mening te laten vallen, hoe sterk gevestigd die ook is, indien als gevolg van een bredere ervaring zich een hogere waarheid openbaart.

Evenals trots, is ook hebzucht een belangrijk obstakel op onze weg naar volmaaktheid en beide moeten dan ook meedogenloos vernietigd worden. De gevolgen van hebzucht zijn zeer ernstig, omdat het ons er toe brengt de ontwikkeling van de ziel van onze medemens te belemmeren. Wij dienen te beseffen dat ieder wezen hier op aarde is teneinde zich te ontwikkelen overeenkomstig de richtlijnen van zijn ziel, en zijn ziel alleen, en dat ieder van ons alles moet doen om zijn naaste in die ontwikkeling te steunen. Wij moeten hem hoop geven en indien mogelijk, zijn kennis en zijn kansen in het leven vergroten teneinde zijn voortgang te bespoedigen.

Evenals wij het op prijs zouden stellen indien anderen ons zouden helpen bij het beklimmen van het steile en moeilijk begaanbare bergpad van het leven, dienen wij ook altijd klaar te staan een zwakkere of jongere broeder de helpende hand te reiken of te laten profiteren van onze grotere ervaring en kennis. Zo moet de houding zijn van de ouder ten opzichte van zijn kind, van de meester ten opzichte van de mensheid of van vriend tot vriend, liefde, zorg en bescherming gevend voor zover nodig en nuttig, zonder daarbij ooit de natuurlijke ontwikkeling van de persoonlijkheid, de taak van de ziel, te belemmeren.

Bij velen van ons is het contact met onze ziel in onze kinderjaren, veel nauwer dan tijdens de rest van ons leven en tijdens die eerste jaren hebben wij dan ook veel duidelijker ideeën omtrent onze werkzaamheden tijdens dit leven, de inspanningen die wij ons moeten getroosten en het karakter dat wij dienen te ontwikkelen. Dit wordt veroorzaakt doordat het materialisme van ons tijdperk en de personen waarmee wij verwant zijn, ons het contact met ons hoger ik doen verliezen en ons ketenen aan de alledaagsheid van deze beschaving met haar duidelijk gebrek aan idealen. Moge de ouders, de meesters en de vrienden bij voortduring pogen in degenen, die door een geweldig voorrecht aan hun zorgen en invloed zijn toevertrouwd, het contact met het hoger ik te stimuleren, doch tegelijkertijd anderen vrij te laten, zoals zij zelf vrij gelaten zouden willen worden.

Op soortgelijke wijze kunnen wij de fouten in ons eigen karakter opsporen en corrigeren door het ontwikkelen van de compenserende deugd, om op deze wijze, de oorzaak van een conflict tussen ziel en persoonlijkheid, de belangrijkste ziekteoorzaak, uit onze aard te verwijderen. Dit alleen al zal een patiënt die mentaal sterk is, gezondheid en vreugde brengen, en degenen die niet zo sterk zijn, daadwerkelijk helpen het werk van de arts tot een even succesvol einde te brengen.

Wij moeten serieus proberen onze individualiteit te ontwikkelen in overeenstemming met de intenties van onze eigen ziel, niemand te vrezen en er op te letten dat niemand ons het streven naar verdere ontwikkeling belemmert of verhindert, het vervullen van onze plichten en het bieden van hulp aan onze medemens, indachtig het feit, dat hoe verder wij in onze ontwikkeling zijn, des te sterker de zegenrijke invloed is, die wij op onze naasten hebben. Wij moeten er vooral op letten, bij het verlenen van hulp aan anderen, wie het ook moge zijn, dat onze wens om te helpen, ons ingegeven wordt door ons innerlijk ik en niet voortkomt uit een vals plichtsgevoel, ons opgelegd door een meer dominerende persoonlijkheid of heersende conventies. Eén tragedie, die tot deze categorie behoort, en het gevolg is van onze moderne conventies, wordt gevormd door de duizenden verknoeide levens, de ontelbare gemiste kansen, het verdriet en het lijden van al die kinderen, die uit plichtsgevoel jarenlang één van hun ouders verzorgd hebben terwijl de enige ziekte die de ouder had, behoefte aan aandacht was. Denk ook eens aan de grote schare mannen en vrouwen, die er van werden weerhouden misschien iets groots en nuttigs voor de mensheid te doen, doordat zij niet de moed konden opbrengen hun persoonlijkheid aan de invloed van een ander mens te onttrekken; aan de vele kinderen die in hun eerste levensjaren hun roeping kennen en willen volgen en toch door moeilijke omstandigheden, verleiding door anderen en een zwakke wil in andere levensomstandigheden terecht komen, waarin zij noch gelukkig, noch in staat zijn zich volgens hun mogelijkheden te ontwikkelen. Alleen de richtlijnen van ons geweten kunnen ons aangeven, waar onze plicht ligt, bij één of bij velen. Wie wij moeten dienen en hoe en wat die richtlijnen ook moge zijn, dat bevel dienen wij naar ons beste kunnen te gehoorzamen.

Tot slot: laten wij niet bang zijn ons in het leven te storten. Wij zijn hier op aarde om ervaring en kennis op te doen en wij zullen maar weinig leren, als wij de werkelijkheid niet willen zien en niet echt zoeken. De ervaring die wij behoeven kunnen wij overal opdoen en de diepe waarheden der natuur en der mensheid kunnen wij ons even goed en waarschijnlijk zelfs beter, eigen maken in een huisje op het platteland, dan te midden van het lawaai en het gejacht van de grote stad.

V

Daar gebrek aan individualiteit (het toestaan, dat inbreuk gemaakt wordt op de persoonlijkheid, waardoor het voldoen aan de eisen van het hoger ik verhinderd wordt) zo belangrijk is als ziekteoorzaak en aangezien de basis hiervoor meestal in de eerste kinderjaren gelegd wordt, laten wij daarom nu de ware relatie tussen ouder en kind en tussen leraar en leerling, eens onder de loep nemen.

In de grond van de zaak vormt het ouderschap, dat wij als een goddelijk voorrecht moeten zien, het ideale instituut, om een ziel in staat te stellen, ten behoeve van haar ontwikkeling, in contact met deze wereld te komen. Als het ouderschap goed begrepen wordt, is het waarschijnlijk de grootste kans die de mens krijgt, bestaande uit het verwezenlijken van de fysieke geboorte van een ziel en het verzorgen van de jonge persoonlijkheid gedurende de eerste jaren van zijn bestaan op aarde. De gehele instelling van de ouders dient er op gericht te zijn, de kleine nieuweling al de geestelijke, mentale en materiële steun te geven, waar zij toe in staat zijn, waarbij zij steeds voor ogen moeten houden dat de kleine een individuele ziel is, op aarde gekomen om de voor hem benodigde ervaring en kennis op te doen op de voor hem eigen wijze, in overeenstemming met de richtlijnen van zijn hoger ik. Reden waarom hem alle mogelijke vrijheid voor een ongestoorde ontwikkeling gegarandeerd dient te worden.

Het ouderschap is een heilig offer en dient minstens even hoog gewaardeerd te worden als iedere andere plicht tot vervulling waarvan wij geroepen worden. Aangezien het om een offer gaat, moeten wij ons voortdurend realiseren, dat wij van het kind niets terug mogen vragen. Geven, en geven alleen is het enige doel; warme liefde, bescherming en leiding tot de ziel de jonge persoonlijkheid van ons overneemt. Onafhankelijkheid, individualiteit en vrijheid dienen wij het kind van het begin af aan bij te brengen, terwijl het zo spoedig mogelijk gestimuleerd dient te worden zelfstandig te denken en te handelen. De ouderlijke macht dient stap voor stap teruggebracht te worden, naarmate de zelfstandigheid zich ontwikkelt, terwijl ook later geen enkele belemmering of vals idee van plicht ten opzichte van de ouders de intenties van de kinderziel in de weg mogen staan.

Het ouderschap is een levenstaak, die van de een op de ander overgaat en die in wezen bestaat uit het voor een korte periode geven van leiding en bescherming, waarna het zijn bemoeienissen staakt en het onderwerp van zijn zorg vrijlaat om alleen zijn ontwikkeling voort te zetten. Laten wij goed bedenken, dat het kind waarvoor wij een tijdelijke beschermer worden, een veel oudere en grotere Ziel kan zijn dan wijzelf en geestelijk onze meerdere, reden waarom wij de leiding en bescherming dienen te beperken tot de behoeften van de jonge persoonlijkheid.

Ouderschap is een heilige plicht, tijdelijk van aard en overgaande van generatie op generatie. Het is 100 % dienstbaarheid en verplicht het jonge wezen tot niets, aangezien het vrij moet zijn zich individueel te ontwikkelen, ten einde in enkele jaren tijds zo goed mogelijk in staat te zijn dezelfde taak te vervullen. Op deze wijze wordt het kind niet geremd door beperkingen, verplichtingen en knellende ouderlijke banden en groeit op in de wetenschap dat het ouderschap voor hem verleend werd aan zijn vader en moeder en dat het waarschijnlijk zijn plicht zal zijn dezelfde taak voor een ander te vervullen.

Ouders dienen vooral te waken tegen het willen vormen van de jonge persoonlijkheid naar hun wensen en ideeën en dienen zich te onthouden van bemoeizucht of het verlangen van gunsten in ruil voor hun natuurlijke plicht en goddelijk voorrecht een ziel te mogen helpen de wereld te betreden. Ieder verlangen te domineren of het jonge leven overeenkomstig eigen interessen te vormen, is de ergste vorm van hebzucht en dient nooit toegestaan te worden, daar jonge ouders die aan deze neiging toegeven, later ware vampiers worden. Zelfs de geringste wens te domineren, dient direct de kop in gedrukt te worden. Wij moeten niet toestaan slaven te worden van de hebzucht, die ons dwingt anderen te willen bezitten.

Wij moeten in ons de kunst tot geven stimuleren en dit tot zo'n hoogte ontwikkelen dat het door zijn offers ieder spoor van negatieve handelingen heeft uitgewist.

De leraar dient zich voortdurend te realiseren dat het slechts tot zijn taak behoort de jeugd leiding te geven en in staat te stellen zich de wereldse- en levenszaken eigen te maken, zodat ieder kind in staat wordt gesteld zich op zijn eigen wijze kennis te verweren en zodoende instinctief datgene kiest, wat hij nodig heeft om zijn leven tot een succes te maken. Ook in dit geval, dient daarom volstaan te worden met de meest tedere zorg en leiding, zodat de leerling in staat is de kennis te verwerven die hij nodig heeft.

Kinderen dienen te bedenken dat het ouderschap, het symbool der creativiteit, een goddelijke taak is, maar dat het geen beperking aan hun ontwikkeling oplegt, noch verplichtingen, die hun leven en werken overeenkomstig de richtlijnen van hun eigen ziel, zouden kunnen remmen. Het is onmogelijk, in onze moderne beschaving een schatting te maken van het stille lijden, het aantal verwrongen karakters en de toename van het aantal dominerende naturen, die door het zich onvoldoende realiseren van het bovenstaande feit worden veroorzaakt. In bijna ieder huisgezin sluiten zowel ouders als kinderen zich op binnen muren gebouwd van volstrekt valse motieven en verkeerde ideeën betreffende de relatie tussen ouder en kind. Deze geestescellen maken vrijheid onmogelijk, belemmeren het leven, verhinderen een natuurlijke ontwikkeling en maken alle betrokkenen ongelukkig. De geestelijke, nerveuze en zelfs fysieke aandoeningen waardoor deze ongelukkigen getroffen worden, maken een belangrijk deel uit van de ziekten van de huidige tijd.

Wij kunnen ons niet goed genoeg realiseren, dat iedere geïncarneerde ziel hier beneden is met het uitgesproken doel, ervaring en kennis op te doen en zijn persoonlijkheid te vervolmaken in de richting van de idealen gestipuleerd door de ziel. Wat onze onderlinge relatie ook moge zijn, man en vrouw, ouder en kind, broer en zuster, leraar en leerling, wij begaan een zonde tegen onze Schepper en onze medemensen als wij uit eigenbelang de ontwikkeling van een andere ziel remmen. Onze enige plicht bestaat uit het gehoorzamen aan de ingevingen van ons geweten, dat nooit het domineren van een andere persoonlijkheid zal dulden, zelfs niet voor korte tijd. Laat een ieder bedenken, dat zijn ziel een speciale taak voor hem gereserveerd heeft, en dat, tenzij hij die taak vervult, misschien zelfs onbewust, hij onvermijdelijk een conflict oproept tussen zijn ziel en zijn persoonlijkheid, dat noodzakelijkerwijs zal uitlopen op een of andere fysieke stoornis.

Toegegeven, het is mogelijk dat een bepaald individu geroepen is, zijn leven aan slechts één individu te wijden, maar laat hem voordat hij daartoe besluit er absoluut van overtuigd zijn, dat dit de wens van zijn ziel is en dat het hem niet gesuggereerd is door een hem dominerende persoonlijkheid of dat hij op een dwaalspoor geraakt is als gevolg van een vals plichtsbesef. Laat hem ook bedenken, dat wij op aarde komen om overwinningen te behalen, om ons sterker te maken tegenover hen die ons willen overheersen en om ons te ontwikkelen tot een niveau, waarop wij rustig en kalm door het leven gaan, ongehinderd en niet te beïnvloeden door enig ander levend wezen, voortdurend geleid door de stem van ons hoger ik. Voor zeer velen zal de grootste strijd zich in hun eigen huis afspelen, waar zij zich eerst zullen moeten bevrijden van de schadelijke dominantie en overheersing door iemand die hen zeer na staat, voordat zij in staat zijn overwinningen te behalen in de wereld daarbuiten.

Ieder individu, of het nu een kind of een volwassene is, dient zich als deel van zijn taak in dit leven, te bevrijden van de dominerende invloed door een ander; dient daarbij het volgende te bedenken: ten eerste, dat deze zogenaamde onderdrukker net zo beschouwd dient te worden, als wij een tegenstander in de sport beschouwen, dus als iemand waarmede wij een spel spelen, in dit geval het Levensspel, waarbij dan ook geen plaats is voor bitterheid. Integendeel, want als wij dergelijke tegenstanders niet zouden hebben, zouden wij de kans missen, onze moed en individualiteit te ontwikkelen; ten tweede, dat de ware overwinningen in het leven gebaseerd zijn op liefde en vriendelijkheid en dat in een dergelijke tweekamp beslist geen fysieke kracht gebruikt dient te worden. In plaats daarvan dient hij innerlijke gevoelens van sympathie, vriendelijkheid, indien mogelijk genegenheid – of nog beter, liefde – voor zijn tegenstander aan te kweken en daardoor zijn eigen karakter zo te verbeteren, dat hij na enige tijd in staat is, kalm en rustig de stem van zijn eigen geweten te volgen, zonder daarop de geringste inbreuk toe te staan.

Zij die overheersend van aard zijn hebben veel hulp en leiding nodig om tot besef te komen van de grote universele waarheid der Eenheid en de vreugde te begrijpen van het Broederschap. Als wij deze zaken niet kennen, missen wij het echte geluk van het Leven en wij moeten deze mensen dan ook zoveel mogelijk helpen. Zwakheid van onze kant, waardoor zij in staat gesteld worden hun schadelijke invloed uit te breiden, zal ze beslist niet helpen; een vriendelijke weigering zich door hen te laten overheersen en een poging van ons hun het geluk van het geven te laten beleven zal hen evenwel op de goede weg helpen.

Het onszelf vrij maken, het realiseren van onze individualiteit en onafhankelijkheid, zal meestal veel moed en vertrouwen vereisen.

Maar in de donkerste uren, wanneer succes bijna onmogelijk schijnt, is het goed te beseffen dat God's kinderen nooit bang moeten zijn; dat onze zielen ons slechts die taken geven die wij kunnen vervullen en dat vervuld van moed en vertrouwen in de goddelijke vonk in ons, de overwinning zeker is voor hen die niet opgeven.

VI

En nu, geliefde broeders en zusters, beseffen wij dat liefde en eenheid de pijlers zijn van onze Schepping, dat wij kinderen zijn van de goddelijke liefde en dat de eeuwigdurende strijd met al het kwaad en lijden gewonnen zal worden met vriendelijkheid en liefde als wapens. Wanneer wij dat allemaal beseffen, waar in dit luisterrijke beeld plaatsen wij dan vivisectie? Zijn wij nog steeds zo onontwikkeld, zo heidens, dat wij geloven dat wij door het offeren van dieren in staat zullen zijn aan de consequenties van onze eigen fouten en tekortkomingen te ontkomen? Bijna 2500 jaar geleden wees de Heer Boeddha de wereld op de fout, lagere wezens te offeren. De mensheid staat reeds geweldig bij de dieren, die hij gemarteld en uitgeroeid heeft, in de schuld en deze onmenselijke praktijken zullen zeker niets goeds, doch alleen maar schade en leed berokkenen aan mens en dier. Hoe ver zijn wij in het Westen afgedwaald van de prachtige idealen van onze Moeder India, waar eeuwen geleden de liefde voor alle wezens op aarde zo groot was, dat er mensen speciaal opgeleid werden de ziekten en verwondingen van niet alleen de zoogdieren, maar ook de vogels te verzorgen.

Bovendien waren er grote reservaten voor iedere vorm van leven, terwijl er zoveel aversie onder het volk heerste tegen het toebrengen van leed aan een lager wezen, dat iedere jager in geval van ziekte de hulp van een arts geweigerd werd, zolang hij niet wilde zweren zulke praktijken te staken.

Laten wij de mensen die vivisectie uitoefenen niet veroordelen, want velen onder hen werken vanuit waarlijk humanitaire principes, hopend en pogend wat verlichting te vinden voor het menselijk lijden; hun motivatie is wel goed, maar hun inzicht is gering en zij begrijpen de zin van het leven niet. Motivatie alleen, hoe noodzakelijk ook, is niet genoeg; het moet samengaan met wijsheid en kennis.

Met uitzondering van de paar gevallen die wij boven genoemd hebben, heeft het geen zin verder stil te staan bij het falen van de moderne medische wetenschap. Afbraak is nutteloos tenzij wij een beter gebouw er voor in de plaats zetten en aangezien binnen de geneeskunst het fundament voor dat gebouw reeds gelegd is, moeten wij er ons op richten enkele stenen voor die tempel aan te dragen.

Ook kritiek op het beoefenen der geneeskunst zoals dat vandaag de dag gebeurt heeft geen zin; het is het systeem, dat in hoofdzaak fout is, niet de mensen. Wij hebben namelijk te maken met een systeem, waarbinnen de arts, om zuiver economische redenen, noch de tijd heeft voor een rustige en vreedzame behandeling noch de gelegenheid voor de noodzakelijke meditatie en overpeinzing, zo onverbrekelijk verbonden met hen die hun leven wijden aan het verzorgen der zieken. Zoals Paracelsus zei: „De wijze arts behandelt vijf, geen vijftien, patiënten per dag" – een onuitvoerbaar ideaal voor de gemiddelde geneesheer van tegenwoordig.

De dageraad van een nieuwe en betere geneesmethode gloort. Honderd jaar geleden vormde de Homoeopathie van Hahnemann de eerste straal van het morgenlicht na een lange nacht van duisternis en deze geneesmethode zou wel eens een belangrijke rol kunnen spelen in de geneeskunde van de toekomst. Bovendien vormt de aandacht die momenteel gericht is op het verbeteren der levensomstandigheden en het verbeteren van het dieet een stap voorwaarts naar het voorkomen van ziekte.

Tot slot, die bewegingen die zich richten op het bekend maken van het verband tussen geestelijke tekortkomingen en ziekte en het genezen middels het vervolmaken van de mentale instelling, wijzen op de komst van het heldere zonlicht waarvan het stralende schijnsel de duisternis der ziekte zal doen verdwijnen.

Laten wij bedenken dat ziekte een gewone vijand is en dat een dat een ieder die er een deel van verslaat, op deze wijze niet alleen zichzelf helpt maar de gehele mensheid. Een zekere, vastgelegde hoeveelheid energie dient aangewend te worden voor de vernietiging compleet is. Laten wij ons daarom gezamenlijk inspannen dat resultaat te bereiken en laat degenen die groter en sterker zijn, niet alleen hun deel doen, maar metterdaad hun zwakkere broeders helpen.

Het is duidelijk dat de belangrijkste manier voor ons, om de verdere verspreiding en toename van ziekte te voorkomen, ligt in het staken van gedragingen die haar kracht doen toenemen; in tweede instantie dienen wij die fouten in ons karakter te corrigeren, die het verder binnendringen der ziekte in de hand werken. Dit te bereiken is de ware overwinning. Vervolgens nadat wij onszelf vrij gemaakt hebben, zijn wij in staat anderen te helpen. En dat is niet zo moeilijk als het in eerste instantie lijkt; wij dienen slechts ons best te doen, en wij weten dat dat voor een ieder van ons mogelijk is als wij maar willen luisteren naar de aanwijzingen van onze eigen ziel. Het leven verwacht geen onvoorstelbare offers van ons; het vraagt alleen maar, dat wij haar weg gaan met vreugde in ons hart, en dat wij een zegen zijn voor onze omgeving, zodat wij na ons bezoek de wereld een ietsje beter achter laten. Dan hebben wij onze taak volbracht.

De smeekbede „geef alles op en volg Mij" komen wij in de leer van alle religies tegen, de betekenis hiervan is, dat wij onszelf volledig moeten overgeven aan ons hoger ik, doch niet, zoals sommigen menen, dat wij ons ons huis, comfort, liefde en luxe dienen te ontzeggen; verre van dat. Een regerend vorst, in zijn schitterend paleis, kan een ware zegen voor zijn volk, voor zijn land, ja zelfs voor de gehele wereld zijn; wat een verlies zou het hebben betekend, indien die vorst het zijn plicht geacht had in een klooster te gaan. De levenstaken in iedere sector, van de laagste tot de meest verhevene, dienen vervuld te worden, en de goddelijke gids van ons lot weet welke taak het beste voor ons is.

Al wat van ons verwacht wordt is die plicht opgewekt en goed te vervullen. Er staan heiligen aan de lopende band en in de machinekamer van een schip, even goed als wij hen aantreffen tussen de waardigheidsbekleders van religieuze orden. Niemand van ons die op aarde aanwezig is, wordt gevraagd meer te doen dan binnen zijn vermogen ligt, en als wij pogen onszelf innerlijk zoveel mogelijk te vervolmaken, voortdurend luisterend naar ons hogere ik, dan is gezondheid en geluk voor ieder van ons weggelegd.

Het grootste deel van de laatste tweeduizend jaar heeft de Westerse beschaving in een periode van extreem materialisme verkeerd, waarbij de verwezenlijking van de geestelijke zijde van onze aard en bestaan, grotendeels verloren is gegaan, door een geesteshouding die wereldse bezittingen, idealen, wensen en geneugten boven de ware zaken des levens stelde. De ware reden voor de aanwezigheid van de mens op aarde werd overschaduwd door zijn streven, tijdens zijn incarnatie zoveel mogelijk en niets anders dan aardse goederen te verwerven. Het is een periode geweest, tijdens welke het leven zeer moeilijk was door gebrek aan ware vertroosting, aanmoediging en verheffing, welke ontstaan bij het verwerkelijken van grotere dan wereldse zaken. Tijdens de laatste eeuwen zijn vele mensen de religies als een soort mythen gaan beschouwen die geen betrekking hebben op hun leven, in plaats van ze, zoals voordien, als het ware wezen van hun bestaan te zien. De ware aard van ons hoger ik, de kennis van voorgaande en komende levens, naast het huidige, heeft slechts weinig voor ons betekend in plaats van een gids voor ons te zijn en een stimulans bij iedere handeling.

Wij hebben de belangrijke zaken liefst gemeden en geprobeerd ons leven zo geriefelijk mogelijk te maken, door het bovennatuurlijke uit onze gedachten te bannen en in wereldse geneugten een compensatie te zoeken voor onze beproevingen. Zodoende zijn positie, rang, rijkdom en aardse bezittingen het levensdoel geworden van deze eeuwen; en aangezien dit allemaal zaken zijn die vergankelijk zijn en alleen verworven en in bezit gehouden kunnen worden met veel zorg en concentratie op materiële zaken, is het niveau van echte innerlijke rust en geluk van de voorbije generaties veel lager geweest, dan waar de mensheid recht op heeft.

De ware zielerust komt over ons wanneer wij ons geestelijk ontwikkelen en kan niet door het opstapelen van rijkdommen alleen verkregen worden, hoe groot die schatten ook mogen zijn. De tijden zijn echter aan het veranderen en er zijn vele aanwijzingen dat deze beschaving begint over te gaan van een tijdperk van zuiver materialisme naar één waarin de wens leeft de universele realiteiten en waarheden te kennen. De algemene en snel toenemende interesse die wij momenteel waarnemen naar kennis omtrent het bovennatuurlijke, het groeiend aantal van hen die inlichtingen wensen inzake het bestaan voor en na dit leven, het ontstaan van methoden om ziekte te bestrijden door geloof of spirituele middelen, het opsporen van de oude leer en de wijsheid van het Verre Oosten – dit alles bewijst dat de hedendaagse mens iets van de waarheid begint te zien. Komen wij dus op het probleem van genezen, dan is het duidelijk, dat ook hierin de trend des tijds gevolgd dient te worden, en de geneeskunde haar methoden dient te veranderen van die, gebaseerd op zuiver materialisme, in die volgens een wetenschap, gebaseerd op de diepe waarheid en in overeenstemming met dezelfde goddelijke wetten die ons leven besturen. Geneeskunde zal overgaan van het terrein der fysieke methoden van behandeling van het fysieke lichaam naar dat van spirituele en mentale geneesmethoden, die, door het tot stand brengen van harmonie tussen ziel en denken, de fundamentele oorzaak van ziekte wegnemen, waarna dan die fysieke middelen toegepast kunnen worden die noodzakelijk zijn om de genezing te vervolmaken.

Het is heel goed mogelijk dat, als de geneeskunde zich deze feiten niet realiseert en de geneeskunst geen gelijke tred laat houden met de geestelijke ontwikkeling van het volk, deze geneeskunst over zou kunnen gaan in de handen van religieuze orden of van geboren genezers, die in iedere generatie voorkomen, maar die tot nu toe min of meer onopgemerkt geleefd hebben, door de orthodoxe geneeskunde verhinderd hun natuurlijke roeping te volgen. De taak van de geneesheer in de toekomst zal een tweeledige zijn. Ten eerste zal hij de patiënt moeten helpen tot zelfkennis te komen, door hem te wijzen op de fundamentele fouten die hij eventueel maakt, de tekortkomingen in zijn karakter die hij dient te corrigeren en de defecten in zijn aard die verwijderd moeten worden en vervangen door de overeenkomstige deugden. Zo'n geneesheer dient een grondige kennis te bezitten van de levenswetten en de menselijke natuur, zodat hij in een ieder die hem komt consulteren, direct die elementen opmerkt, die een conflict tussen de ziel en de persoonlijkheid veroorzaken. Hij dient in staat te zijn de lijdende mens te adviseren, hoe hij het beste de vereiste harmonie tot stand kan brengen; welke daden die strijdig zijn met de eenheid hij verder dient te vermijden en welke deugden hij tot ontwikkeling dient te brengen om zijn fouten uit te wissen. Ieder geval zal een zorgvuldige bestudering vereisen, en alleen zij die een groot deel van hun leven gewijd hebben aan het opdoen van mensenkennis en in wie de vurige wens leeft te helpen, zullen in staat zijn dit heerlijke en goddelijke werk voor de mensheid op zich te nemen, de ogen te openen van een lijdende mens, hem inzicht te geven in de reden van zijn bestaan, en hem hoop, troost en vertrouwen te geven waardoor hij in staat zal zijn zijn ziekte te overwinnen.

Het tweede deel van de taak van de geneesheer zal bestaan uit het toedienen van die remedies die het fysieke lichaam helpen op krachten te komen en de patiënt mentaal tot rust te brengen, zijn gezichtsveld te verruimen, hem naar volmaaktheid te doen streven, om zo de gehele persoonlijkheid tot vrede en harmonie te brengen. Zulke remedies treffen wij in de natuur aan, voorzien door de genade van de goddelijke Schepper voor genezing en troost van de mens. Een paar van deze middelen zijn bekend en er wordt momenteel druk naar de andere gezocht door artsen in verschillende delen van de wereld, vooral in ons Moederland India. Het lijdt geen twijfel dat, naarmate deze onderzoekingen in een verder stadium komen, wij veel van de kennis van meer dan tweeduizend jaar geleden zullen terugvinden en de toekomstige genezer zal de uitstekende en natuurlijke remedies tot zijn beschikking hebben die door de goddelijke voorzienigheid aan de mens gegeven zijn om zijn ziekten te genezen. Het elimineren van de ziekte zal er dus van afhangen, of de mensheid zich de waarheid der onveranderlijke wetten van ons universum zal realiseren en zichzelf met nederigheid en gehoorzaamheid aan die wetten zal onderwerpen, om zodoende vrede te brengen tussen zijn ziel en zichzelf en het ware geluk en de echte levensvreugde te verwerven. Het aandeel van de geneesheer zal bestaan uit het helpen van iedere lijdende mens om tot het besef van deze waarheid te komen, hem te leren op welke wijze hij in harmonie kan geraken, hem te bezielen met geloof in zijn eigen goddelijkheid waarvoor niets onmogelijk is en hem die fysieke middelen voor te schrijven die helpen bij het harmoniseren der persoonlijkheid en het genezen van het lichaam.

VII

Nu komen we tot het meest belangrijke probleem, hoe kunnen wij onszelf helpen? Hoe kunnen wij ons mentaal en fysiek zo in harmonie houden, dat het voor ziekte onmogelijk of moeilijk is vat op ons te krijgen, want het lijdt geen twijfel dat een persoonlijkheid zonder conflicten immuum is voor ziekte.

Laten wij eerst de geest onder de loupe nemen. Wij hebben reeds uitgebreid de noodzaak besproken in onszelf die fouten op te sporen die maken dat wij in strijd met de eenheid en in disharmonie met de richtlijnen van de ziel handelen, en die te elimineren door het ontwikkelen van de antagonistische deugden. Dit kan gebeuren op de manier zoals wij reeds besproken hebben en een eerlijk zelfonderzoek zal ons de aard van onze fouten duidelijk maken. Onze geestelijke adviseurs, echte geneesheren en intieme vrienden zullen ons kunnen helpen een betrouwbaar beeld van onszelf te krijgen. De beste manier hiervoor is echter door rustige overpeinzing en meditatie en door in onszelf zo'n sfeer van vrede te scheppen dat onze zielen via ons geweten en onze intuïtie tot ons kunnen spreken en ons in overeenstemming met hun wensen kunnen leiden. Indien wij onszelf iedere dag slechts voor een korte tijd terug kunnen trekken, alleen en in een ruimte die zo rustig mogelijk is, waar wij niet gestoord worden, en alleen maar rustig zitten of liggen, waarbij wij of onze geest leeg maken of onze taak in het leven overdenken, dan zullen wij na een tijdje bemerken dat deze minuten van bezinning erg waardevol voor ons zijn, door de kennis en de leiding die ons middels flitsen van verlichting gezonden wordt. Wij komen tot de ontdekking dat de vragen betreffende moeilijke levensproblemen ondubbelzinnig beantwoord worden, hetgeen ons in staat stelt met vertrouwen de juiste koers te bepalen. Tijdens zulke momenten van bezinning dienen wij de vurige wens in ons hart te dragen de mensheid te dienen en in overeenstemming met de richtlijnen van de ziel te werk te gaan.

Denk er goed aan dat wanneer de fout gevonden is, de remedie niet gelegen is in haar te bestrijden of haar middels wilskracht en energie te onderdrukken, doch in een gestage ontwikkeling van de antagonistische deugd, waardoor onze aard automatisch gezuiverd wordt van ieder spoor van de zondaar. Dit is de echte natuurlijke methode van ontwikkeling en van overwinning van het kwaad, veel gemakkelijker en meer effectief dan het strijden tegen een specifieke fout. Het bestrijden van een fout maakt haar kracht groter, houdt onze aandacht geconcentreerd op haar aanwezigheid, hetgeen de strijd pas echt hevig maakt, terwijl het succes dat wij in zo'n geval kunnen verwachten een overwinning is door overmacht, hetgeen verre van ideaal is, daar de vijand nog steeds in ons is en zich ieder zwak moment weer kan manifesteren. Het falen te vergeten en bewust te pogen de deugd, die dit falen onmogelijk maakt, tot ontwikkeling te brengen, dat is pas de ware overwinning.

Zouden wij bijvoorbeeld wreed van aard zijn, dan kunnen wij natuurlijk voortdurend herhalen: „Ik zal niet wreed zijn", en onszelf zo verhinderen naar die richting af te dwalen; doch het succes hiervan is geheel afhankelijk van onze mentale kracht en indien die af zou nemen zouden wij wel eens tijdelijk ons goede voornemen kunnen vergeten. Zouden wij daarentegen ware sympathie ontwikkelen voor onze medemens, dan zou deze kwaliteit eens en vooral wreedheid onmogelijk maken, daar iedere daad die daarnaar tendeert ons met afschuw zou vervullen door ons saamhorigheidsgevoel. Hierbij is geen sprake van onderdrukking, geen verborgen vijand die ieder moment weer te voorschijn kan komen, wanneer wij even niet opletten, omdat onze gevoelens van sympathie de mogelijkheid van een daad die een ander pijn zou kunnen doen, volledig uit ons karakter weggewist hebben.

Zoals wij in het voorafgaande gezien hebben, zal de aard van onze lichamelijke ziekten, een aanwijzing voor ons zijn, welke mentale disharmonie er aan ten grondslag ligt. Een belangrijke factor voor succes is verder het bezitten van levenslust, waardoor wij het bestaan niet alleen maar zien als een last die wij geduldig dragen, maar als een avontuurlijke reis door deze wereld waaraan wij veel vreugde beleven. Waarschijnlijk is een van de meest rampzalige consequenties van het materialisme de groeiende verveling en het verloren gaan van echt innerlijk geluk. Het leert de mens genoegdoening en compensatie voor zijn moeilijkheden te zoeken in aardse geneugten en pleziertjes, doch dit kan ons natuurlijk nooit iets meer dan een kortstondig vergeten van onze problemen brengen. Zodra wij compensatie gaan zoeken voor onze beproevingen in commercieel amusement, belanden wij in een vicieuze cirkel.
Amusement en vermaak zijn goed voor ons, doch niet als wij er voor het verlichten van onze zorgen niet meer buiten kunnen. Iedere soort werelds amusement dient qua intensiteit voortdurend opgevoerd te worden teneinde zijn greep op de mensen te behouden. Wat gisteren geestdriftig toegejuigd werd, wekt morgen alleen nog maar verveling op. Dus blijven wij naar andere en sterkere prikkels zoeken tot wij oververzadigd zijn en van die kant geen verlichting meer kunnen verwachten. Zich in welke vorm dan ook overgeven aan werelds vermaak maakt ons tot een Faustfiguur, en hoewel wij ons dat mogelijk niet bewust zouden kunnen zijn, wordt het leven voor ons weinig meer dan een geduldig gedragen last, beroofd van alle ware lust en vreugde die ons tot onze laatste uren ten deel zou moeten vallen. De extreme fase waarin wij ons nu bevinden, vindt haar afspiegeling in de wetenschappelijke inspanningen om het natuurlijke leven te verlengen, de mens te verjongen en de sensuele geneugten door duivelse methoden op te voeren.

Verveling maakt ons veel vatbaarder voor ziekten dan men algemeen zou denken, en daar het momenteel een steeds normaler verschijnsel onder de jeugd wordt, zien wij ook de ziekten die daarmee verband houden op jeugdiger leeftijd optreden. Een dergelijke situatie is natuurlijk ondenkbaar als wij ons bewust zijn van onze goddelijkheid en onze taak in deze wereld, en als gevolg daarvan de vreugde smaken ervaringen op te doen en anderen te helpen. Het tegengif voor verveling is een levendige interesse in alles wat ons omringt, voortdurend het leven te bestuderen, steeds meer te leren van onze medemensen en de gebeurtenissen van het dagelijks leven, welke de waarheid is die aan alle dingen ten grondslag ligt, onszelf te verliezen in het opdoen van kennis en ervaring, en bedacht te zijn op kansen waarmee wij een medemens, die ook op weg is, zouden kunnen helpen. Op deze weg zullen wij ieder moment, of wij nu werken of ons amuseren, de drang voelen om te leren, de wens hebben om ware zaken, echte avonturen en waardevolle daden te ervaren. Naarmate wij deze qualiteit in ons ontwikkelen zullen wij ontdekken dat wij het vermogen terug krijgen vreugde te scheppen in de geringste voorvallen terwijl gebeurtenissen die wij vroeger als alledaags en ééntonig ervoeren, nu kansen worden voor onderzoek en avontuur. In de eenvoudige dingen van het leven – die het dichtst bij de grote Waarheid staan – is de echte vreugde te vinden.

Berusting, iets wat een mens tot een onopgemerkte reiziger op de levensreis maakt, opent de deur voor een reeks van ongunstige invloeden die onmogelijk in ons binnen kunnen dringen, als ons dagelijks bestaan vervuld is van geest en de vreugde van het avontuur. Wat ook onze plaats in het leven is, arbeider in de stad met haar krioelende mensenmassa's of een eenzame schaapherder in de heuvels, laten wij proberen eentonigheid te veranderen in afwisseling, domme plichtsvervulling in een vreugdevolle gelegenheid ervaring op te doen, en ons dagelijks leven in een diepgaande studie van de mens en de fundamentele wetten van het Universum. Overal is gelegenheid te over, de wetten der schepping te observeren, in de bergen, de dalen, of temidden van onze medemensen. Laten wij er dus mee beginnen het leven te veranderen in een avontuur van alles omvattende belangstelling, zodat verveling geen kans meer heeft, en met de kennis die wij op deze wijze verkregen hebben proberen harmonie te scheppen tussen ons verstand, onze ziel en de grote eenheid van God's schepping.

Een andere ware hulp voor ons is af te rekenen met alle vrees. Angst hoort in werkelijkheid niet in het natuurlijke mensenrijk thuis, daar de goddelijkheid in ons, ons Zelf, onoverwinnelijk en onsterfelijk is. Als wij dat nu maar zouden kunnen beseffen, dan zou er voor ons, Kinderen van God, niets bestaan om bang voor te zijn. In materialistisch georiënteerde tijden neemt angst evenredig toe met de toename van aardse bezittingen (ongeacht of het lichamelijke of materiële rijkdommen zijn), want als deze zaken, die zo tijdelijk van aard, zo moeilijk te verkrijgen en zo onmogelijk zeker te stellen zijn, onze wereld uitmaken, betekenen zij voor ons een voortdurende zorg om ze te verwerven als wij daartoe de kans hebben, hetgeen noodzakelijkerwijs er toe leidt, dat wij constant in angst leven, bewust of onbewust, omdat wij innerlijk heel goed weten dat dit soort bezittingen ons op ieder moment ontnomen kunnen worden en dat wij ze in het gunstigste geval alleen maar voor onze korte levensperiode in bezit kunnen houden,

In dit tijdperk heeft de angst voor ziekte zich ontwikkeld tot een duivelse kracht, omdat het de deur openzet voor die zaken waarvoor wij bang zijn en die op deze wijze gemakkelijker in ons kunnen binnendringen.

Een dergelijke vrees is in wezen eigenbelang, want als wij ons werkelijk intens met het welzijn van anderen bezig houden, hebben wij geen tijd voor onze eigen kwaaltjes. Vrees speelt momenteel een belangrijke rol in de toename van het aantal ziektegevallen en de moderne wetenschap heeft de terreur van de angst alleen maar verergerd door het openbaar maken van haar ontdekkingen, die tot nu toe niets anders dan halve waarheden zijn. De

kennis inzake bacteriën en andere ziektekiemen heeft een rampzalige invloed gehad op het verstand van tienduizenden mensen en de angst alleen al die deze kennis bij hen heeft opgeroepen, heeft hen vatbaarder gemaakt. Hoewel lagere levensvormen, zoals de bacteriën, een rol kunnen spelen in of verband kunnen houden met een lichamelijke ziekte, vormen zij beslist niet de kern van het probleem, zoals wetenschappelijk en ook aan de hand van de dagelijkse praktijk vastgesteld kan worden. Er is één punt dat de wetenschap langs fysieke weg niet kan verklaren en dat is, waarom sommige mensen ziek worden terwijl anderen gezond blijven, hoewel beide groepen bloot gestaan kunnen hebben aan dezelfde infectiemogelijkheden. Materialisme vergeet dat er nog een factor boven het fysieke niveau bestaat, die in het gewone leven ieder individu vatbaar maakt voor of beschermt tegen ziekten, van welke aard ook. Vrees, waardoor wij mentaal onder druk komen te staan, veroorzaakt disharmonie in onze fysieke en electro-magnetische lichamen, waardoor een invasie mogelijk gemaakt wordt.
Als bacteriën en soortgelijke tastbare zaken de zekere en enige oorzaak van ziekte waren, dan zouden wij werkelijk reden hebben om bang te zijn. Wanneer wij ons echter realiseren dat ook tijdens de ergste epidemieën slechts een deel van hen die aan besmetting bloot staan, ziek worden en dat, zoals wij reeds gezien hebben, de ware oorzaak van ziekte in onze persoonlijkheid ligt en zich dus onder onze controle bevindt, dan bestaat er voor ons geen enkele reden meer om beducht of bevreesd te zijn, wetend dat wij de remedie in ons dragen. Wij kunnen alle angst dat tastbare zaken de enige oorzaak van ziekte zijn van ons afzetten, in de wetenschap dat een dergelijke bezorgdheid ons alleen maar vatbaar maakt, en dat als wij er in slagen onze persoonlijkheid in harmonie te brengen, onze kans op ziekte niet groter is dan door de bliksem getroffen te worden of een stuk van een vallende meteoor op ons hoofd te krijgen.

Laten wij nu het fysieke lichaam beschouwen. Wij moeten nooit vergeten dat het niet meer is dan de aardse verblijfplaats van de ziel, waarin wij slechts korte tijd verblijven om in staat te

zijn in contact te staan met de relatieve wereld, teneinde ervaring en kennis op te doen. Zonder ons te veel met ons lichaam te identificeren, dienen wij er voorzichtig mee om te gaan en er zorg voor te dragen dat het zo goed en zo lang mogelijk gezond blijft teneinde ons in staat te stellen onze taak te vervullen. Wij moeten natuurlijk niet overdreven bezorgd zijn, maar proberen ons zo min mogelijk bewust te zijn van zijn bestaan, en het te gebruiken als voertuig voor onze ziel en onze geest, in onze dienst en voor het uitvoeren van onze wil. De properheid zowel van binnen als van buiten is van het grootste belang. Wij, Westerlingen, gebruiken voor onze uitwendige reiniging water dat te warm is, waardoor de poriën geopend worden en het vuil naar binnen kan dringen. Bovendien maakt het overmatig gebruik van zeep de huid week. Een meer natuurlijke methode is koud of lauw stromend water te gebruiken zoals bij een douche, of meerdere keren het water te verversen; gebruik niet meer zeep dan noodzakelijk is voor het oplossen van het vuil en spoel vervolgens af met koud water. Het lichaam zal op deze wijze beter gezond blijven.
De properheid van binnen is afhankelijk van ons dieet en wij dienen natuurlijk uitsluitend voedingsmiddelen te gebruiken die zuiver en gezond zijn, vooral fruit, groenten en noten dienen zo vers mogelijk te zijn. Vlees moet men absoluut vermijden, ten eerste omdat het ons organisme vergiftigt; ten tweede omdat het onze eetlust op abnormale en overmatige wijze stimuleert; ten derde omdat het gebruik ervan wreedheid ten opzichte van de dierenwereld noodzakelijk maakt.
Men moet voldoende vloeistof tot zich nemen om het organisme schoon te houden, water of wijn of natuurlijke vruchtensappen, maar het gebruik van sterk alcoholische dranken vermijden.

Men moet niet te lang slapen, omdat wij wakend, onszelf beter onder controle hebben dan slapend.

De kleding dient zo licht te zijn als de temperatuur toelaat om een direct contact tussen onze huid en de buitenlucht te bevorderen. Ook dient men zo vaak mogelijk een zonnebad te nemen. Zwemmen en zonnebaden zijn de grote bronnen van gezondheid en vitaliteit.

Wij moeten altijd opgewekt zijn, weigeren onze stemming te laten beïnvloeden door twijfel en moeheid. Gemoedsaandoeningen, laten wij dat vooral niet vergeten, die ons niet eigen zijn, daar onze ziel slechts vreugde en geluk kent.

VIII

Wij zien dus dat onze overwinning op de ziekte voornamelijk afhangt van de volgende voorwaarden:

1. Vertrouwen te hebben in de godheid in ons, en dus in ons vermogen het kwaad te weerstaan.
2. Te weten dat de fundamentele oorzaak van ziekte het gebrek aan harmonie is tussen de persoonlijkheid en de ziel.
3. Zowel de wil als de intelligentie te bezitten die nodig zijn voor het opsporen van een dergelijk conflict.
4. Het elimineren van de betreffende fout door het tot ontwikkeling brengen van de antagonistische deugd.

Het zal de taak van de geneeskunde zijn ons het benodigde inzicht bij te brengen en ons de wegen te wijzen om een eind aan onze ziekten te maken. Bovendien zal zij ons de juiste geneesmiddelen moeten verschaffen, om onze mentale en fysieke lichamen te versterken en onze mogelijkheden onze ziekten te boven te komen te vergroten. Pas dan zullen wij met een reële kans op succes de ziekte in haar oorsprong kunnen aanpakken. De geneeskunde van de toekomst zal waarschijnlijk weinig aandacht schenken aan de ziektesymptomen, noch erg veel belang hechten aan de lichamelijke kwetsuren. Nog minder zal zij verdovende middelen en medicijnen voorschrijven om ons fysieke lijden te verzachten, doch de ware oorzaak van de ziekte kennende, er van bewust dat de lichamelijke symptomen slechts secundair zijn, zal zij al haar inspanningen richten op het scheppen van die harmonie tussen lichaam, geest en ziel, die een verlichting van het lijden en de genezing verzekert. Door tijdig de geesteshouding bij te sturen, kan men een ziekte die op het punt staat zich te manifesteren voorkomen.

Onder de geneesmiddelen die gebruikt zullen worden, zullen wij er aantreffen, die van de mooiste planten in de apotheek der natuur, gemaakt zijn, van hoger hand begiftigd met geneeskracht zowel voor de geest als voor het lichaam van de mens.

Wat ons betreft, wij moeten ons oefenen in vreedzaamheid, harmonie, individualiteit en onwrikbaarheid van onze besluiten, onszelf steeds meer doordringen van het idee dat wij in wezen van goddelijke oorsprong zijn, kinderen van de Schepper, en dat wij dus het vermogen in ons hebben volmaakt te kunnen worden, als wij ons maar wat noeite geven het te ontwikkelen. Deze werkelijkheid moet ons zo eigen worden dat zij ons bestaan domineert. Wij dienen voortdurend de vrede in ons te bewaren, door ons onze geest voor te stellen als een meer dat steeds kalm gehouden moet worden, zonder golven, zonder het geringste rimpeltje dat zijn rust verstoort en geleidelijk deze toestand van vrede te ontwikkelen totdat geen enkele gebeurtenis in ons leven, geen enkele omstandigheid en geen enkele andere persoonlijkheid de oppervlakte van het meer in beroering kan brengen of in ons een gevoel van irritatie, ontmoediging of twijfel kan doen ontstaan.

Veel steun zullen wij daarbij ondervinden van de gewoonte ons iedere dag enkele ogenblikken terug te trekken om te mediteren over de schoonheid van de vrede in onze ziel en ons de voordelen voor te stellen van het bezitten van kalmte. Ons ervan te overtuigen dat wij niet door ons zorgen te maken of ons op te winden het meeste bereiken, maar dat het door onze kalmte, ons nadenken en ons rustig handelen is dat wij de grootste mate van efficiency bereiken in alles dat wij ondernemen. Het belangrijkste is ons gedrag in dit leven in overeenstemming te brengen met de intenties van onze ziel en in ons een zodanige mate van vrede te handhaven, dat de wereldse beproevingen en het gedoe om ons heen ons niet van ons stuk brengen. Wij verkrijgen zo een onvoorstelbare gemoedsrust, en hoewel ons dat in eerste instantie een onbereikbare droom toe moge schijnen, is het toch beslist zo, dat met geduld en doorzettingsvermogen, dit binnen ieders bereik ligt.

Er wordt van ons beslist niet verlangd dat wij heiligen, martelaren of beroemdheden zijn. De meesten van ons hebben nu eenmaal de meest eenvoudige betrekkingen. Wat men echter van ons verwacht is dat wij zullen begrijpen dat het leven vreugde en verandering is en dat wij met onze volledige inzet de speciale taak zullen vervullen die ons door de goddelijkheid in ons is opgelegd.

Geestesrust en harmonie met de ziel vormen de belangrijkste hulpmiddelen bij het genezen van ziekten. De geneeskunde van de toekomst zal zich in een veel grotere mate dan nu het geval is toeleggen op het ontwikkelen van deze eigenschappen bij de patiënt. Momenteel zijn wij alleen maar in staat de ontwikkeling van een ziektegeval na te gaan met behulp van materialistisch wetenschappelijke middelen, waarbij wij meer denken aan het regelmatig temperaturen en het aantal keren dat een patiënt verzorgd moet worden, dan aan het feit, dat al dit gesol met een patiënt de rust en ontspanning van lichaam en geest die zo noodzakelijk zijn voor de genezing, beslist niet ten goede komen. Het is zeker dat als wij er in het beginstadium van een lichte ziekte toe zouden kunnen komen ons gedurende slechts enkele uren volledig te ontspannen en ons in harmonie met ons hoger Ik te brengen, dat de aandoening zou verdwijnen. Op zulke momenten hebben wij behoefte aan iets van de innerlijke rust, die Christus ons getoond heeft toen hij tijdens de storm op het meer van Galilea, aan dek kwam en de golven en de wind beval tot rust te komen.

Ons inzicht in het leven hangt af van de verwantschap tussen persoonlijkheid en ziel. Hoe nauwer deze verwantschap is, hoe groter de innerlijke harmonie en vrede, hoe helderder het licht van de waarheid zal schijnen en hoe meer het stralende geluk dat tot de hogere sferen behoort, zal schitteren. Zij zullen ons overeind houden en onbevreesd doen zijn temidden van de moeilijkheden en beproevingen van deze wereld, omdat zij gebaseerd zijn op de eeuwige goddelijke waarheid. Kennis van de waarheid geeft ons ook de zekerheid dat, hoe tragisch bepaalde gebeurtenissen in het leven ons ook mogen voorkomen, zij slechts korte fasen zijn in de ontwikkeling van de mens, en dat zelfs ziekte in wezen een weldaad is, functionerend in overeenstemming met bepaalde wetmatigheden die er op gericht zijn uiteindelijk iets goeds voort te brengen en die een voortdurende drang naar volmaaktheid uitoefenen. Zij die deze kennis bezitten zijn voor altijd bevrijd van onzekerheid, vrees en wanhoop, terwijl situaties die voor anderen een zware last betekenen, op hen geen vat hebben. Als wij er in zouden slagen in voortdurend contact met onze ziel, met onze hemelse vader te staan, dan zou de wereld echt een oord van vrolijkheid zijn, waarin geen enkele nadelige invloed vat op ons zou kunnen hebben.

Het is ons niet gegeven de verhevenheid van onze eigen goddelijkheid te zien, noch de grootsheid van onze bestemming en de glorieuze toekomst die voor ons ligt te bevatten. Als dat mogelijk zou zijn, zou het leven geen beproeving zijn en geen enkele inspanning, geen enkel bewijs van verdienste vereisen. Onze verdienste ligt in het feit dat wij praktisch onwetend, wat de belangrijke zaken betreft, toch het vertrouwen en de moed hebben goed te leven en de moeilijkheden op deze aarde te overwinnen. Wat wij echter wel kunnen is, samen met ons hogere Ik, tot een zo grote mate van evenwichtigheid te geraken, dat wij iedere weerstand in deze wereld kunnen overwinnen en de weg naar onze lotsbestemming kunnen volgen, zonder daarbij te worden weerhouden door invloeden die ons op een dwaalspoor zouden kunnen brengen.

Hierna dienen wij onze individualiteit te ontwikkelen en ons vrij te maken van alle wereldse invloeden, teneinde uitsluitend de aanwijzingen van onze ziel te kunnen volgen, onafhankelijk van de omstandigheden en de personen om ons heen, waardoor wij meester over onszelf zullen worden, ons schip besturend over de onstuimige levenszee zonder een moment het roer los te laten, of de besturing aan een ander toe te vertrouwen. Wij moeten ons volledig vrij maken, zodat alles wat wij doen, al onze daden, ja, zelfs iedere gedachte uit onszelf voortkomt, ons in staat stellend ongedwongen te leven en te geven, als een strikt persoonlijke levensexpressie.

De grootste weerstand, wat dit betreft zullen wij ondervinden van hen die ons het meest na staan, zeker in een periode waarin het vasthouden aan conventies en valse ideeën omtrent plicht zo ontzettend wijd verspreid is. Wij dienen moediger te worden, want hoewel de meesten onder ons over voldoende moed beschikken om aan de schijnbaar belangrijke zaken in het leven het hoofd te bieden, ontbreekt die alsnog binnen de meer persoonlijke omgeving. Wij moeten in staat zijn op objectieve wijze goed van kwaad te onderscheiden en zonder aarzeling tot actie over te gaan, zelfs in tegenwoordigheid van een ouder of een vriend.

Velen van ons gedragen zich als helden ten opzichte van de buitenwereld, terwijl het thuis zwakkelingen zijn! Hoe subtiel de middelen ook mogen zijn waarmede men tracht ons te beletten onze bestemming te volgen, zogenaamde liefde, genegenheid, of een vals plichtsgevoel, al deze methoden, die slechts dienen om ons tot slaaf en gevangene te maken van de wil en de wensen van anderen, dienen meedogenloos afgewezen te worden. Alleen de stem van onze ziel en geen andere zal ons onze plicht ingeven en wij doen er verstandig aan ernaar te luisteren als wij willen voorkomen een slaaf van onze omgeving te zijn.

Wij dienen onze individualiteit tot een maximum te ontwikkelen, te leren hoe ons leven in te richten, voor hulp en leiding slechts op onze ziel te rekenen, onze vrijheid met beide handen vast te houden, om zo ons in het leven te storten teneinde ieder stukje kennis en ervaring op te doen, dat opgedaan kan worden.

Wij dienen er daarbij tegelijkertijd voor te waken de vrijheid van anderen niet te belemmeren, niets van anderen te verwachten, doch integendeel, steeds bereid te zijn hen de helpende hand te bieden in moeilijke tijden. Zo wordt ieder wezen waarmede wij tijdens ons leven in contact komen, of het nu een moeder, een echtgenoot, een kind, een vreemde of een vriend is, een reisgenoot, waarbij ieder van hen, geestelijk gezien onze meerdere of onze mindere kan zijn. Wij zijn echter allen leden van eenzelfde broederschap en maken deel uit van een groot gezelschap dat dezelfde reis maakt met hetzelfde glorieuse einddoel.

Wij moeten pal staan in onze vastbeslotenheid te zegevieren, onverzettelijk in onze wil de top van de berg te bereiken. Laten wij niet stil staan bij de misstappen die wij onderweg gemaakt kunnen hebben. Er heeft nog nooit een grote beklimming plaats gevonden zonder dat daarbij fouten gemaakt zijn en valpartijen zijn voorgekomen, die wij dan ook moeten zien als even zovele ervaringen die ons zullen helpen in de toekomst minder vaak te struikelen.

Laat de gedachte aan onze begane fouten ons niet ontmoedigen. Zij behoren tot het verleden en de kennis die wij daardoor opgedaan hebben zal ons helpen een herhaling te voorkomen. Wij moeten steeds vooruit zonder spijt en zonder achterom te kijken, want het verleden, al is het maar een uur oud, ligt achter ons, terwijl de toekomst, badend in een zee van licht zich voor ons uitstrekt. Wij moeten alle vrees van ons afwerpen. Vrees zou in de menselijke geest nooit moeten bestaan, want zij is slechts mogelijk als wij onze goddelijkheid uit het oog verliezen. Zij is ons vreemd omdat wij, als kinderen van de Schepper, en vonkjes van het goddelijk leven, onoverwinnelijk en onvergankelijk zijn.

Ziekte is schijnbaar wreed, omdat zij de straf is voor een verkeerde gedachte of daad, die wreedheid ten opzichte van anderen tengevolge heeft. Vandaar de noodzaak gevoelens van naastenliefde tot een zo hoog mogelijk niveau in ons te ontwikkelen, waardoor wij in de toekomst voor iedere wrede daad onzerzijds gevrijwaard zijn. Door de liefde in ons te ontwikkelen komen wij tot begrip van de éénheid, het besef dat wij allen zonder uitzondering deel uitmaken van de enige grote schepping.

De oorzaak van al onze zorgen is egoïsme en het gevoel van exclusiviteit, welke eigenschappen verdwijnen zodra de liefde en de kennis van de grote éénheid ons deelachtig worden. Het universum is een manifestatie van God. Zijn ontstaan is een wedergeboorte van God, zijn einde een hogere goddelijke evolutievorm.

Zo is het ook met de mens. Zijn lichaam is een waarneembare manifestatie van zijn innerlijke natuur. Het vertegenwoordigt een zelfexpressie, een materialisatie van de aard van zijn geweten.

In onze Westerse beschaving, hebben wij het lichtende voorbeeld en de leer van Christus om als leidraad te dienen. Hij fungeert voor ons als bemiddelaar tussen onze persoonlijkheid en onze ziel.

Zijn taak op aarde was ons te leren hoe wij tot harmonie en tot eenheid met ons hogere Ik kunnen geraken, met onze Vader die in de hemel is, en zo het pad te betreden dat naar de volmaaktheid leidt, overeenkomstig de wil van de Schepper.

Dit wordt ons ook door Boeddha en de andere grote meesters die op aarde kwamen om de mens de weg naar volmaaktheid te wijzen, voorgehouden. De mensheid kan niet halverwege stilhouden. De waarheid dient erkend te worden en de mens dient een eenheid te gaan vormen met het alomvattende liefdesplan van onze Schepper.

Begeeft u dus, broeders en zusters, in het schitterende licht van de kennis uwer goddelijkheid en streeft er voortdurend naar deel uit te maken van het immens grote plan gelukkig te zijn en dat geluk tot uitdrukking te brengen door u aan te sluiten bij dat grote gezelschap van de witte broederschap, die hun gehele leven wijden aan het gehoorzamen aan de wil van hun God, en de grootste vreugde beleven aan het helpen van hun jongere broeders.

De twaalf genezers en andere remedies

Inleiding

Deze behandelingsmethode is de meest volmaakte die, naar mensenheugenis de mensheid gegeven werd. Zij heeft een grote geneeskracht en haar eenvoud maakt het een ieder mogelijk haar zelfstandig toe te passen. Het is vooral deze ongecompliceerdheid, tezamen met haar totale genezende werking, die zo wonderbaarlijk is. Zij vereist geen wetenschappelijke kennis of methodiek buiten de eenvoudige werkwijzen die in dit boekje beschreven zijn. Vooral zij die deze gave Gods zuiver houden – vrij van wetenschappelijke invloeden en theorieën, want de natuur is eenvoud –, zullen er het meeste profijt van hebben.

Deze geneesmethode die ons op Goddelijke wijze geopenbaard werd, toont dat het onze angsten, onze bezorgdheid en andere soortgelijke gevoelens zijn ,die het de ziekten mogelijk maken ons lichaam binnen te dringen. Als wij dus onze angsten, onze zorgen en andere gevoelens behandelen, bevrijden wij ons niet alleen van onze ziekten, maar bovendien nemen de planten die ons door de oneindige goedheid van de Schepper gegeven zijn, ook onze angsten en zorgen weg waardoor wij dus beter en gelukkiger zijn dan voordien. Aangezien de planten ons van onze angsten, zorgen, fouten en zwakheden genezen, dienen wij die op te sporen, die tot gevolg hebben dat de ziekte ons zal verlaten, van welke aard zij ook moge zijn.

Er valt niet veel meer aan toe te voegen, alles zal volkomen duidelijk zijn voor een goed verstaander. Moge het er velen zijn die begiftigd met inzicht, deze gave Gods gebruiken ter verlichting en voor het welzijn van hun omgeving.

Achter iedere ziekte staan dus onze angsten, onze zorgen, onze hebzucht, onze voorkeur en onze afkeer. Laten wij ze opsporen en behandelen en zodra zij verdwenen zijn, zullen wij ook genezen zijn van de ziekte waaraan wij lijden.

Sinds onheugelijke tijden weet men dat de voorzienigheid de natuur begiftigd heeft met middelen ter voorkoming en genezing van ziekten in de vorm van kruiden, planten en bomen. De natuurlijke remedies die in dit boek vermeld staan, hebben bewezen van alle het meest begenadigd te zijn en het vermogen te bezitten ieder soort ziekte of lijden te genezen. Als men deze remedies toepast, houdt men geen rekening met de aard der ziekte. Men behandelt het individu en als dat een beter wezen geworden is, verdwijnt de ziekte, verjaagd door een stroom van vitaliteit. Iedereen weet dat eenzelfde ziekte een verschillende uitwerking kan hebben afhankelijk van de persoonlijkheid van de zieke. Op deze uitwerkingen dienen wij ons te concentreren, omdat zij ons naar de ware oorzaak leiden.

De geest, het meest tere en gevoelige deel van het lichaam, geeft veel nauwkeuriger dan het lichaam, het beginpunt en het verloop van de ziekte aan. Reden waarom het de geesteshouding van de patiënt is die ons zal leiden bij de keuze der benodigde remedies. Bij de zieke verschilt het humeur van dat van de gezonde mens en de goede waarnemers onder ons merken deze verandering van te voren op, soms lang voordat de ziekte zich openbaart. Wij kunnen dan een preventieve behandeling geven. Ook wanneer de ziekte reeds enige tijd aanwezig is, blijven het de stemming en het humeur van de zieke die ons zullen leiden bij het vinden van de geëigende remedies.

Vergeet de ziekte. Denk alleen aan de levenshouding van de patiënt. U zult hierna de beschrijving aantreffen van 38 verschillende geestestoestanden en karakterstructuren en het zal u beslist niet moeilijk vallen, noch voor uzelf noch voor een ander de stemmingen en neigingen te vinden die in de zieke domineren, hetgeen u in staat zal stellen die remedies te geven die noodzakelijk zijn voor de behandeling.

De titel van dit deel is „De twaalf genezers" gebleven omdat deze vele lezers vertrouwd is. De verlichting van het lijden was zo zeker, en de werking zo weldadig, zelfs toen er nog slechts 12 remedies waren, dat men het noodzakelijk achtte ze openbaar te maken zonder te wachten op de ontdekking van de 26 andere die de serie compleet maken. De twaalf oorspronkelijke remedies worden in de tekst met een sterretje aangeduid.

DE REMEDIES EN HUN INDICATIES

De 38 remedies zijn onderverdeeld in 7 groepen.

I. VOOR HEN DIE AAN ANGST LIJDEN

• *Zonneroosje (rock rose)* *Helianthemum nummularium*

Dit is een middel voor eerste hulp. Het middel voor noodgevallen, zelfs als er geen enkele hoop meer schijnt te zijn. Bij ongelukken, plotseling optredende ziekten, als de patiënt zeer geschrokken is, of als zijn toestand zo ernstig is dat zijn omgeving in vrees leeft. Indien de zieke niet bij bewustzijn is, kan men met de remedie zijn lippen bevochtigen. Het bijvoegen van andere remedies kan noodzakelijk zijn, zoals bijvoorbeeld *clematis,* bij flauwvallen, hetgeen een toestand van diepe slaap is, of agrimonie (akkermunt), als de patiënt erg lijdt.

• *Maskerbloem (mimulus)* *Mimulus guttatus*

Dit wordt toegepast tegen angst voor alles wat ons kan overkomen: ziekte, lijden, ongelukken, armoede; angst in donker, angst om alleen te zijn, angst pech te hebben. Het zijn de gewone alledaagse angsten. Deze personen dragen hun vrees in stilte. Zij praten er niet graag met anderen over.

Kerspruim (cherry plum) *Prunus cerasifera*

Wanneer men bang is dat de geest overbelast is; dat men zijn verstand zal verliezen; dat men dingen zal doen, waarvan men later spijt zal hebben; dingen die men helemaal niet wil doen, omdat men weet dat ze onjuist zijn, maar die toch steeds weer de gedachten bezighouden en die men geneigd is te doen.

Esp (aspen) — *Populus tremula*

Hier gaat het om vage angsten, waarvoor men geen verklaring, geen reden kan geven. De patiënt kan echter zo bang zijn alsof er iets verschrikkelijks staat te gebeuren. Deze vage en onverklaarbare angsten kunnen hem dag en nacht achtervolgen. Deze zieken zijn vaak bang met anderen over hun moeilijkheden te praten.

Rode kastanje (red chestnut) — *Aesculus carnea*

Voor hen die zichzelf ongewild kwellen voor anderen. Het komt vaak voor dat zij de bezorgdheid voor het eigen welzijn overwonnen hebben, maar dat de steeds weerkerende vrees dat degenen die zij lief hebben iets zou kunnen overkomen, hen ongelukkig maakt.

II. VOOR HEN DIE ONZEKER ZIJN

• *Loodkruid (cerato)* — *Ceratostigma willmottiana*

Voor hen die onvoldoende zelfvertrouwen hebben om zelf hun beslissingen te nemen. Zij vragen voortdurend de mening van anderen en worden vaak misleid.

• *Hardbloem (scleranthus)* *Scleranthus annuüs*

Voor degenen die lijden omdat zij niet in staat zijn te kiezen tussen twee mogelijkheden, daar elke mogelijkheid hen beurtelings als de goede voorkomt. Het zijn over het algemeen rustige personen, die hun moeilijkheden alleen dragen en niet geneigd zijn ze met anderen te bespreken.

• *Gentiaan (gentian)* *Gentiana amarella*

Voor hen die gemakkelijk ontmoedigd zijn. Als hun ziekte zich gunstig ontwikkelt of hun zaken naar wens verlopen, is er maar een geringe vertraging in de vooruitgang, of een onbetekenende hindernis nodig om ze aan het twijfelen te brengen en ze te demoraliseren.

Gaspeldoorn (gorse) *Ulex europaeus*

Voor gevallen van uiterste wanhoop. Zij hebben de hoop opgegeven dat er nog iets voor hen gedaan kan worden. Het kan voorkomen dat zij zich laten overhalen, om verschillende behandelingsmethoden te proberen, om anderen een plezier te doen, maar zij zullen hun omgeving tegelijkertijd verzekeren dat er voor hen nauwelijks kans is dat hun lijden erdoor verlicht zal worden.

Haagbeuk (hornbeam) *Carpinus betulus*

Voor hen die fysiek of mentaal niet sterk genoeg schijnen de last waar onder zij gebukt gaan, te dragen. De taken van het dagelijks leven schijnen hen te zwaar, hoewel zij er over het algemeen in slagen, te doen wat gedaan moet worden.
Voor hen die menen dat een bepaald deel van hun geest of hun lichaam versterkt dient te worden, opdat zij hun taak gemakkelijk kunnen volbrengen.

Ruwe dravik (wild oat) *Bromus ramosus*

Voor hen die er naar streven iets belangrijks in hun leven te doen. Die veel ervaring willen opdoen, van alles zoveel mogelijk willen profiteren en echt willen leven.
Hun moeilijkheid is de keuze van hun carrière, want hoewel zij zeer ambitieus zijn, hebben zij geen speciale roeping. Dit kan tot vertraging in de ontwikkeling en ontevredenheid leiden.

III. ONVOLDOENDE INTERESSE VOOR HET HEDEN

* *Bosrank (clematis)* *Clematis vitalba*

Dit is een middel voor de dromers; degenen die slaperig zijn, niet goed wakker. Rustige mensen, die niet echt gelukkig zijn in hun huidige situatie en die meer in de toekomst dan in het heden leven. Zij leven in de hoop op gelukkiger tijden, waarin hun ideaal werkelijkheid zal kunnen worden. Wanneer zij ziek zijn doen zij weinig moeite om te herstellen en soms doen zij zelfs helemaal niets. In enkele gevallen komt het voor dat zij de dood met een zekere vreugde tegemoet zien in de hoop op een beter leven of op het mogelijk weerzien van een overledene die hen lief was.

Kamperfoelie (honeysuckle) *Lonicera caprifolium*

Voor hen die te veel in het verleden leven, bijvoorbeeld een periode van groot geluk, de herinnering aan een verloren vriend of ambities die geen werkelijkheid geworden zijn. Zij rekenen er niet op, een geluk zoals zij dat gekend hebben, nog eens te beleven.

Hondsroos (wild rose) *Rosa canina*

Voor hen die schijnbaar zonder voldoende redenen zich neerleggen bij alles wat hen overkomt. Zij laten zich rustig met de stroom van het leven meedrijven, nemen alles zoals het is, zonder de geringste inspanning te doen om situaties te verbeteren of wat vreugde te vinden. Zij hebben zonder te klagen afstand gedaan van de strijd om het bestaan.

Olijf (olive) *Olea europaea*

Voor hen die veel geleden hebben – moreel of fysiek – en zo moe zijn, zo uitgeput, dat zij zich niet meer in staat voelen tot welke inspanning dan ook.
Het dagelijks leven betekent voor hen een zware taak, die hun geen enkele vreugde brengt.

Paardekastanje (white chestnut) *Aesculus hippocastanum*

Voor hen die niet in staat zijn ongewenste gedachten, ideeën, of redeneringen uit hun geest te bannen. Vooral op tijden dat hun interesse voor het heden niet sterk genoeg is om hun geest volledig in beslag te nemen. Kwellende gedachten die zij maar niet kwijt kunnen raken, of die als ze voor enige tijd verjaagd zijn, weer terug komen. Het lijkt wel of zij steeds maar ronddraaien.
De aanwezigheid van deze onplezierige gedachten maakt geestesrust onmogelijk en men is niet meer in staat zich te concentreren op het werk of de geneugten van alle dag. Zij vormen een ware mentale kwelling.

Herik (mustard) *Sinapis arvensis*

Voor hen die te lijden hebben onder aanvallen van melancholie of wanhoop, die zo diep zijn, dat het lijkt alsof een donkere koude wolk hen omringt en hen belet het licht en de levensvreugde waar te nemen. Het is mogelijk dat er geen enkele reden of verklaring voor dergelijke aanvallen te vinden zijn. Onder deze omstandigheden is het bijna onmogelijk gelukkig of vrolijk te zijn.

Knop van de paardekastanje (chestnut bud) Aesculus hippocastanum

Voor hen die slechts gedeeltelijk profijt trekken uit waarnemingen en ervaringen en die veel meer tijd nodig hebben dan anderen om de lessen uit het dagelijks leven te leren.
Als voor de meesten onzer één ervaring voldoende zou zijn, zouden deze er verscheidene nodig hebben, voordat zij de les geleerd hebben. Tot hun schade ervaren deze personen dat zij bij verschillen-

de gelegenheden in dezelfde fout vervallen, terwijl een herhaling toch eigenlijk niet nodig zou moeten zijn, of het observeren van anderen hen zelfs het maken van die fout voor de eerste maal zou kunnen besparen.

IV. EENZAAMHEID

• *Waterviolier (water violet)* *Hottonia palustris*

Voor hen die graag alleen zijn, of zij nu ziek of in goede gezondheid verkeren. Het zijn zeer rustige mensen, die zonder veel drukte hun gang gaan, weinig spreken en als ze spreken, dat op een zachte vriendelijke toon doen. Zeer onafhankelijk, bekwaam en vol zelfvertrouwen. Praktisch vrij van andermans meningen. Zij zijn gereserveerd, laten hun omgeving met rust en gaan hun eigen gang. Vaak intelligent en begaafd. Hun kalmte en vreedzame aard is een zegen voor hun omgeving.

• *Reuzenbalsemien (impatiens)* *Impatiëns glanduligera*

Zij die snel van denken en handelen zijn en die alles gedaan willen hebben zonder uitstel. Zijn zij ziek, dan willen zij snel genezen. Het is erg moeilijk voor hen geduld te hebben met mensen die van nature langzaam zijn, omdat zij dat verkeerd vinden en tijdsverspilling. Zij zullen op alle mogelijke manieren proberen deze mensen tot meer aktie te krijgen. Zij geven er vaak de voorkeur aan alleen te werken en zaken uit te denken, zodat zij hun eigen tempo kunnen aanhouden.

Struikhei (heather) *Calluna vulgaris*

Zij die voortdurend zoeken naar gezelschap van wie dan ook, aangezien zij er behoefte aan hebben hun aangelegenheden met iemand te bespreken. Zij voelen zich erg ongelukkig als zij voor enige tijd alleen moeten zijn.

V. OVERGEVOELIG VOOR INVLOEDEN EN IDEEËN

• *Agrimonie (agrimony)* *Agrimonia eupatoria*

Joviale, opgewekte mensen met veel gevoel voor humor die van een vreedzame omgeving houden en die beslist niet tegen ruzie kunnen en alles zullen doen of nalaten om dat te vermijden. Hoewel zij over het algemeen veel problemen hebben en rusteloos en gekweld zijn naar lichaam en geest, verbergen zij hun moeilijkheden achter humor en scherts en worden als zeer goede vrienden beschouwd. Zij roken en drinken vaak te veel om zichzelf te stimuleren en te helpen hun beproevingen met opgewektheid te dragen.

• *Duizendguldenkruid (centaury)* *Centaurium umbellatum*

Vriendelijke, rustige mensen die te graag anderen van dienst willen zijn. Zij overschatten daarbij hun kracht.
Hun verlangen heeft hen zó in zijn macht dat zij meer bedienden worden dan bereidwillige helpers. Hun goede inborst brengt hen er toe meer te doen dan hun aandeel in het werk, en zo hun eigen taak in het leven te verwaarlozen.

Walnoot (walnut) *Juglans regia*

Voor degenen die uitgesproken idealen en ambities in het leven hebben en die ook realiseren, maar soms er toe gebracht worden hun eigen ideeën en werk te verloochenen onder invloed van het enthousiasme of uitgesproken meningen van anderen.
Deze remedie geeft standvastigheid en bescherming tegen invloeden van buiten af.

Hulst (holly) *Ilex aquifolium*

Voor degenen die soms overvallen worden door gedachten van jaloezie, afgunst, wraak en achterdocht. Voor de verschillende vormen van kwellingen.
Zij kunnen inwendig erg lijden, vaak wanneer er geen duidelijke oorzaak voor hun ongelukkig zijn aan te wijzen is.

VI. VOOR MOEDELOOSHEID EN WANHOOP

Lariks (larch) *Larix decidua*

Voor degenen die zichzelf minder goed of bekwaam vinden dan de personen in hun omgeving; die verwachten te falen; die het gevoel hebben dat zij nooit een succes zullen zijn, en daarom ook niets wagen noch zich volledig inzetten om te slagen.

Grove den (pine) *Pinus sylvestris*

Voor degenen vol zelfkritiek. Zelfs wanneer zij succes hebben, vinden zij nog dat zij het beter hadden kunnen doen. Zij zijn nooit tevreden over hun inspanningen of de resultaten. Het zijn harde werkers die veel lijden onder de fouten die zij zichzelf toeschrijven. Zelfs als een vergissing aan een ander te wijten is, zullen zij de verantwoordelijkheid daarvoor op zich nemen.

Veldiep (elm) *Ulmus procera*

Zij die goed werk doen, hun levensroeping volgen en hopen in staat te zijn iets belangrijks te kunnen doen, vaak voor het welzijn der mensheid. Af en toe kunnen zich tijdelijke inzinkingen voordoen, wanneer zij het gevoel hebben dat de taak die zij op zich genomen hebben te zwaar is en boven de kracht van een mens uitgaat.

Tamme kastanje (sweet chestnut) *Castanea sativa*

Voor die momenten waarop voor sommige mensen hun smart ondraaglijk schijnt. Wanneer men het gevoel heeft dat het lichaam of de geest de grens bereikt heeft van zijn uithoudingsvermogen, en zal breken. Wanneer er schijnbaar niets dan vernietiging in het verschiet ligt.

Vogelmelk (star of Bethlehem) — *Ornithogalum umbellatum*

Voor hen die diep bedroefd zijn in een situatie die hen tijdelijk zeer ongelukkig maakt.
Tegen de schok van slecht nieuws, het verlies van een dierbare, de angst als gevolg van een ongeluk, enz. . . .
Voor degenen die tijdelijk ontroostbaar zijn, brengt deze remedie verlichting.

Wilg (willow) — *Salix vitellina*

Voor degenen die tegenslag gehad hebben en dit moeilijk zonder klagen of bitterheid kunnen accepteren, daar zij geneigd zijn het leven te beoordelen naar het succes dat het brengt. Zij vinden dat zij zoveel moeilijkheden niet verdiend hebben, dat het onrechtvaardig is, en zij worden verbitterd. Zij verliezen daardoor hun interesse in en doen geen moeite meer voor die levensactiviteiten waar zij voordien zoveel vreugde aan beleefden.

Zomereik (oak) — *Quercus robur*

Voor hen die een voortdurend gevecht leveren om gezond te worden of voor hun dagelijks bestaan. Zij zullen het een na het ander proberen, hoewel hun geval hopeloos schijnt. Zij zullen doorvechten. Zij zijn ontevreden met zichzelf indien ziekte hun belet hun plichten te vervullen of anderen te helpen. Het zijn flinke mensen, die met grote moeilijkheden worstelen, zonder de hoop te verliezen of hun pogingen te staken.

Appel (crab apple) *Malus pumila*

Dit is de reinigingsremedie, voor hen die het gevoel hebben dat iets aan hen onrein is. Vaak is het iets schijnbaar onbelangrijks: bij anderen die ernstig ziek kunnen zijn, kan de aandacht zo op dit ene aspect gericht zijn dat aan de ernst van de ziekte voorbij gegaan wordt.
Beide typen willen zich hoe dan ook bevrijden van datgene, wat naar hun idee zo belangrijk voor hen is, dat het genezen dient te worden. Zij geven snel de moed op als de behandeling geen succes heeft.
Als reinigingsmiddel zuivert deze remedie wonden waarin naar de overtuiging van de patiënt de een of andere gifstof is binnengedrongen en dus verwijderd dient te worden.

VII. OVERBEZORGDHEID VOOR HET WELZIJN VAN ANDEREN

° *Wilde cichorei (cichory)* *Cichorium intybus*

Zij die zeer attent zijn op de noden van anderen. Zij zijn geneigd overbezorgd te zijn voor hun kinderen, hun familieleden en vrienden en vinden altijd iets, dat gecorrigeerd moet worden. Zij zijn voortdurend aan het recht zetten wat zij verkeerd vinden, en houden daarvan. Zij willen graag dat iedereen die onder hun zorg valt dicht bij hen is.

** IJzerhard (vervain)* *Verbena officinalis*

Zij die er starre principes en ideeën op na houden, waarvan zij de overtuiging hebben dat ze juist zijn en waar zij maar zelden van afstappen. Zij zouden graag allen uit hun omgeving tot hun levensopvattingen willen overhalen. Zij hebben een sterke wil en tonen veel moed wanneer zij overtuigd zijn van de zaken die zij naar voren willen brengen. Zijn zij ziek, dan blijven zij doorploeteren, lang nadat vele anderen hun plichten reeds verzaakt zouden hebben.

Wijnstok (vine) *Vitis vinifera*

Zeer bekwame mensen, zelfverzekerd en vol vertrouwen in hun slagen. Daar zij zo zelfverzekerd zijn, menen zij dat het in het belang van anderen is, als die er van overtuigd zouden kunnen worden, zaken net zo aan te pakken als zij doen, of zoals zij menen dat juist is. Zelfs als zij ziek zijn zullen zij degenen die hen verzorgen nog aanwijzingen geven. Zij kunnen van grote waarde zijn in noodgevallen.

Beuk (beech) *Fagus sylvatica*

Voor hen die de behoefte gevoelen meer goeds en moois te zien in alles wat hen omringt. En hoewel veel slecht schijnt, in staat zijn het goede te zien dat daarin groeiende is. Dit teneinde in staat te zijn tot meer verdraagzaamheid, toegevendheid en begrip voor de verschillende wijzen waarop ieder individu en alle zaken naar hun perfectie streven.

Bronwater (rock water)

Voor hen die er wat hun manier van leven betreft zeer starre principes op na houden en zichzelf veel vreugde en plezier in het leven ontzeggen omdat zij van mening zijn dat het hun werk wel eens zou kunnen schaden.
Zij zijn hard voor zichzelf. Zij streven ernaar gezond, sterk en aktief te zijn en zij zijn bereid alles te doen, dat dit naar hun overtuiging bevordert en in stand houdt. Zij hopen door anderen tot voorbeeld genomen te worden, waarna die door het volgen van hun ideeën zich tot betere mensen ontwikkelen.

F. J. Wheeler

Het repertorium der Bach Remedies

HOE DIT REPERTORIUM TE GEBRUIKEN

Dit repertorium betekent geen wijziging in de omschrijvingen der 38 remedies, zoals vermeld in deel twee: *De twaalf genezers en andere remedies*. Het is uitsluitend opgezet om te helpen in twijfelgevallen. Bijvoorbeeld: indien een patiënt duidelijk terneergeslagen is, kijk dan onder het hoofd *gedruktheid* in het repertorium. Maak daarna uit, of deze te wijten is aan twijfel, een onbekende oorzaak, of dat de gedruktheid de patiënt als een donkere wolk omgeeft.

Lees vervolgens de volledige omschrijving van de remedies Gentiaan en Herik in *De twaalf genezers en andere remedies*, en beslis welke van de twee omschrijvingen het meeste met de toestand van de patiënt overeenkomt.

Alleen na het lezen van de volledige omschrijving van iedere remedie alvorens te beslissen welke toegepast dient te worden, kunnen bevredigende resultaten verwacht worden.

Stemmingen	Remedies
AANWIJZING GEVEN	
bij ziekte, enz.	*Wijnstok*
inzake andermans aangelegenheden	*Wijnstok, ijzerhard, wilde cichorei*
AARZELING	
door onzekerheid	*Hardbloem*
door angst	*Maskerbloem*
door gebrek aan zelfvertrouwen	*Lariks*
geen, zelfverzekerd	*Reuzenbalsemien, wijnstok, waterviolier*
ACHTERDOCHT	*Hulst*
AFGUNST	*Hulst*
AFKEER VAN ZICHZELF	*Appel*
AFLEIDING	
wenst	*Agrimonie*
kan niet buiten	*Struikhei*
AFWEZIGHEID	*Bosrank*
AGRESSIEF	*Hulst, reuzenbalsemien, ijzerhard, wijnstok*
uit vrees	*Kerspruim*
door onevenwichtigheid	*Zomereik, hardbloem*
ALLEEN	
wenst te zijn	*Waterviolier*
bang om te zijn	*Agrimonie, maskerbloem*
houdt er niet van om te zijn	*Wilde cichorei, struikhei*
om eigen werktempo te bepalen	*Reuzenbalsemien*

AMBITIES	
bepaalde	*Walnoot*
onbepaalde	*Ruwe dravik*
gebrek aan	*Bosrank, gaspeldoorn, hondsroos*
tot het bezitten van anderen	*Wilde cichorei*
tot hervormen van anderen	*IJzerhard*
APATISCH	*Bosrank, hondsroos*
ARROGANTIE	*Beuk, wijnstok*
BANGELIJK	*Maskerbloem*
BAZIG	*Wilde cichorei, wijnstok*
BEDEESDHEID	*Maskerbloem*
BEGERIG	
naar andermans bezittingen	*Wilde cichorei*
naar sympathie	*Wilde cichorei, struikhei*
naar informatie	*Loodkruid*
naar macht	*Wilde cichorei, ijzerhard, wijnstok*
naar volmaaktheid	*Bronwater, ijzerhard*
BEÏNVLOEDBAAR	
moeilijk	*Walnoot*
gemakkelijk	*Duizendguldenkruid*
door besluiten van anderen	*Loodkruid, gaspeldoorn*
door oponthoud en tegenwerking	*Gentiaan*
voor de lieve vrede	*Agrimonie*
door jaloezie	*Hulst*
BEKOMMERING	
om details	*Appel*
om anderen	*Wilde cichorei, rode kastanje*
om zichzelf	*Struikhei*
BEKWAAM	*Reuzenbalsemien, wijnstok, waterviolier*
maar bemoeiziek	*Wilde cichorei*
BERUSTING	*Gaspeldoorn, hondsroos*

BESLUITELOOSHEID	*Hardbloem*
BEVREESD	*Esp, maskerbloem, zonneroosje*
om anderen	*Rode kastanje*
BEZETENHEID	
angst	*Kerspruim*
wanhoop	*Zomereik*
religieus	*Bosrank, ijzerhard*
zelf-martelaarschap	*Bronwater*
voor détails	*Appel*
BEZORGDHEID	*Agrimonie*
BITTERHEID	*Wilg*
CHAGRIJNIG	*Wilg*
CONCENTRATIE	
gebrek aan	*Bosrank, paardekastanje*
gebrek aan door besluiteloosheid	*Hardbloem*
gebrek aan door te weinig zelfvertrouwen	*Loodkruid*
te veel	*IJzerhard*
CONGESTIE (mentaal)	*Wilde cichorei, struikhei, rode kastanje, paardekastanje*
DAGDROMEN	*Bosrank, tuinkamperfoelie*
DESPERAAT	*Gaspeldoorn, zonneroosje* *Tamme kastanje*
DISCUSSIES	
in gedachten	*Paardekastanje*
houden van	*Wilde cichorei, ijzerhard, bindwilg*
vermijden	*Agrimonie, duizendguldenkruid, waterviolier*
DOOD (DE)	
wenst	*Agrimonie, bosrank*
bang voor	*Maskerbloem, zonneroosje*
niet bang voor	*Agrimonie, bosrank*

DOODSANGST	*Zonneroosje*
DROEFHEID	*Grove den, vogelmelk, hondsroos*
DROMEN	
nachtelijke angsten	*Esp, zonneroosje*
nachtmerries	*Zonneroosje*
DWAASHEID	*Loodkruid*
EENZAAMHEID	
houdt van	*Waterviolier*
verkiest om het werk	*Reuzenbalsemien*
houdt niet van	*Agrimonie, wilde cichorei, struikhei, maskerbloem*
als vlucht voor piekeren	*Agrimonie*
EGOCENTRISCH	*Wilde cichorei, struikhei, bindwilg*
FALEN	
verwacht te	*Lariks*
gevoel te	*Veldiep*
FAMILIE-TROTS	*Wilde cichorei, appel*
FANTASIE (veel)	*Bosrank*
FLAUWVALLEN	*Bosrank*
GEDACHTEN	
aanhoudende, kwellende	*Paardekastanje*
aan de toekomst	*Bosrank*
aan het verleden	*Kamperfoelie*
aan wraak	*Hulst*
beangstigende	*Kerspruim*
GEDRUKTHEID	
door twijfel	*Gentiaan*
als een donkere wolk	*Herik*
onbekende oorzaak	*Herik*
GEESTDRIFTIG	*Bronwater, ijzerhard*

GEKWELD	
door verborgen zorgen	*Agrimonie*
door aanhoudende gedachten (piekeren)	*Paardekastanje*
door vrees	*Esp, zonneroosje*
door smart	*Tamme kastanje*
door jaloezie	*Hulst*
door vrees krankzinnig te worden	*Kerspruim*
GEMATIGD	*Bronwater*
GERESERVEERDHEID	*Waterviolier*
GESPANNENHEID	*Beuk, reuzenbalsemien, bronwater, vogelmelk, ijzerhard, wijnstok*
als gevolg van angst	*Maskerbloem, esp, zonneroosje, rode kastanje, kerspruim*
GEWOONTEN	
houdt van vaste	*Duizendguldenkruid, loodkruid, bindwilg*
breekt met oude	*Walnoot*
GEZELSCHAP	
wenst	*Agrimonie, wilde cichorei, struikhei*
hekel aan	*Reuzenbalsemien, maskerbloem, waterviolier*
HAAT	
uit jaloezie	*Hulst*
uit bitterheid	*Wilg*
HARDE MEESTERS	
voor zichzelf	*Bronwater*
voor anderen	*Beuk, wilde cichorei, reuzenbalsemien, ijzerhard, wijnstok*
HARTELIJK, BLIJ	*Agrimonie*

HEBZUCHT	*Wilde cichorei, struikhei*
HEIMWEE	*Tuinkamperfoelie, bosrank*
HINDEREN VAN ANDEREN	
pogen anderen te haasten	*Reuzenbalsemien*
door bemoeien en bekritiseren	*Wilde cichorei*
door voortdurend over zichzelf te praten	*Struikhei*
door te overheersen	*Wijnstok*
door te pressen	*IJzerhard, wijnstok*
door vragen te stellen	*Loodkruid*
uit wraak	*Hulst*
HUILERIG	*Wilde cichorei, hardbloem*
HUILT SNEL	*Wilde cichorei, struikhei*
IDEALISTISCH	
onpraktisch	*Bosrank*
te geestdriftig	*IJzerhard*
wat de eigen persoonlijkheid betreft	*Bronwater*
met hoge idealen	*Beuk, reuzenbalsemien, bronwater, ijzerhard*
doch niet in staat tot realiseren	*Ruwe dravik*
IMPULSIEF	*Reuzenbalsemien*
ongecontroleerd met angst voor krankzinnigheid	*Kerspruim*
te enthousiast	*IJzerhard*
INSPANNING	
gebrek aan door dromerigheid	*Bosrank*
gebrek aan door uitputting	*Olijf*
gebrek aan door gelatenheid	*Hondsroos*
te grote	*Reuzenbalsemien, ijzerhard*
INTERESSE	
gebrek aan-	
voor het heden	*Bosrank*
door dromerigheid	*Bosrank*

door verbittering	*Wilg*
door leven in het verleden	*Kamperfoelie*
door uitputting	*Olijf*
door gepieker	*Paardekastanje*
door teruggetrokkenheid	*Hondsroos*
door wanhoop	*Gaspeldoorn*
door droefgeestigheid	*Herik*
door te snel vooruit te denken	*Knop van paardekastanje*
door zelfgenoegzaamheid	*Struikhei*
te veel	*IJzerhard*
IRRITATIE	
als gevolg van zickte	*Zomereik*
JALOEZIE	*Hulst*
KLAGEN	
over anderen	*Beuk, wilde cichorei, hulst, bindwilg*
nooit	*Agrimonie, zomereik*
KRANKZINNIGHEID	*Kerspruim, bosrank*
KRIBBIG	*Wilde cichorei*
KRITIEK OP	
anderen	*Beuk, wilde cichorei, hulst, reuzenbalsemien, wilg*
op zichzelf	*Grove den, bronwater*
KWELLEN	*Hulst, grove den*
LANGZAAM	
in leren	*Knop van paardekastanje*
door gebrek aan interesse	*Bosrank*
door besluiteloosheid	*Hardbloem*
LEVEN	
wanhopen aan de mogelijkheid nog te	*Eerste hulp remedie, zonneroosje*
een slavernij	*Duizendguldenkruid*
geen interesse meer	*Bosrank*
geen plezier meer	*Olijf*

MARTELAARSCHAP

voor een zaak	*IJzerhard*
uit zelfmedelijden	*Wilde cichorei*
om gezondheidsredenen	*Struikhei*
uit verbittering	*Wilg*
voor eigen idealen	*Bronwater*

MEDIAMIEK *Duizendguldenkruid, bosrank*

MISLEID DOOR ANDEREN *Duizendguldenkruid, loodkruid*

soms	*Walnoot*

MOEDELOOSHEID

door gebrek aan vertrouwen	*Lariks*
door voortdurend zelfverwijt	*Grove den*
door gevoel van te kort schieten	*Veldiep*
uit angst	*Tamme kastanje*
als gevolg van een schrik of slecht nieuws	*Vogelmelk*
als gevolg van beperkingen opgelegd door een ziekte	*Zomereik*
door een voortdurend gevoel van onreinheid	*Appel*
uit verbittering	*Wilg*

NOODGEVALLEN *Eerste hulp remedie, zonneroosje*

NOOIT KLAGEN

uit berusting	*Hondsroos*
door gebrek aan interesse	*Bosrank*
uit moed	*Agrimonie*

ONBEKENDE OORZAAK

angst	*Esp*
gedruktheid	*Herik*
ongelukkigheid	*Hulst*
teruggetrokkenheid, bij tijden	*Hondsroos*

ONBETROUWBAAR	
(niet op te rekenen)	
door onzekerheid	*Hardbloem*
gebrek aan zelfvertrouwen	*Loodkruid*
door gemakkelijk te beïnvloeden	*Duizendguldenkruid*
ONGEDULD	*Reuzenbalsemien, knop van de paardekastanje*
ONGEDURIG	
door mentale kwelling	*Agrimonie*
door besluiteloosheid	*Hardbloem*
door ongeduld	*Reuzenbalsemien*
door over-enthousiasme	*IJzerhard*
ONGELUKKIG	*Bosrank, hulst, kamperfoelie, olijf, grove den, vogelmelk, waterviolier, wilg hondsroos*
ONNODIGE DRUKTE MAKEN	*Wilde cichorei, loodkruid, appel*
ONSTANDVASTIGHEID	*Hardbloem*
ONTEVREDENHEID	
door ongerealiseerde ambities	*Ruwe dravik*
door frustratie	*Walnoot*
tijdens ziekte	*Zomereik*
uit verbittering	*Wilg*
door jaloezie en afgunst	*Hulst*
over zichzelf	*Grove den, bronwater*
over anderen	*Beuk, wilde cichorei*
ONTMOEDIGD	*Veldiep, gentiaan*
ONVERDRAAGZAAMHEID	*Beuk, reuzenbalsemien, ijzerhard, waterviolier*
voor remmingen	*Reuzenbalsemien bronwater*
aanmatigend, bazig	*IJzerhard, wijnstok*

ONVERKLAARBARE

gedruktheid	*Herik*
angst	*Esp*

ONVERSCHILLIGHEID — *Bosrank*

ONZEKERHEID — *Hardbloem*

door gebrek aan zelfvertrouwen	*Loodkruid*
door gebrek aan vertrouwen	*Slanke gentiaan*
door gebrek aan hoop	*Gaspeldoorn*
door te weinig kracht	*Haagbeuk*
omtrent ambities	*Ruwe dravik*

OPGAAN IN

gedachten	*Bosrank*
herinneringen	*Kamperfoelie*
enthousiasme	*IJzerhard*
in zichzelf	*Struikhei*
in détails	*Appel*

OPGEWEKTHEID — *Agrimonie*

OPMERKZAAMHEID

gebrek aan	*Knop van paardekastanje, kamperfoelie, paardekastanje*

OVERBEZORGD

anderen een plezier te doen	*Duizendguldenkruid*
in de zorg voor anderen	*Wilde cichorei*
in het beïnvloeden van anderen	*IJzerhard*
om de mening van anderen	*Loodkruid*
over détails	*Appel*
voor zichzelf	*Struikhei, bronwater*
voor de veiligheid van anderen	*Rode kastanje*

OVERGEVOELIGHEID

verborgen	*Agrimonie*
voor sterke invloeden	*Walnoot*
voor vermeende beledigingen	*Hulst*

OVERHEERSING	*Wilde cichorei, struikhei, ijzerhard, wijnstok*
OVERHEERST WORDEN	*Duizendguldenkruid, loodkruid, maskerbloem*
OVER TE HALEN DOOR ANDEREN	
tegen eigen mening in	*Gaspeldoorn*
door gebrek aan zelfvertrouwen	*Loodkruid*
door zwakte	*Duizendguldenkruid*
uit vriendelijkheid	*Agrimonie*
soms	*Walnoot*
door jaloezie	*Hulst*
om anderen een plezier te doen	*Duizendguldenkruid, gaspeldoorn*
OVERTUIGINGEN	
sterke	*Beuk, bronwater, ijzerhard, wijnstok*
zwakke	*Loodkruid, lariks, hardbloem*
PANIEK	*Esp, kerspruim, hardbloem, zonneroosje*
PEINZEN OVER	*Bosrank*
PLAGEN	*Hulst, grove den*
PLOTSELINGE ZIEKTE	*Eerste hulp remedie, zonneroosje*
PRAATZIEK, DRUK	*Loodkruid, wilde cichorei, struikhei, kamperfoelie, ijzerhard*
soms	*Kerspruim, maskerbloem, zonneroosje*
PRIKKELBAAR	*Beuk, wilde cichorei, hulst, wilg, reuzenbalsemien*

PRINCIPIEEL	*Beuk, bronwater, ijzerhard, wijnstok*
RAAD	
zoeken	*Loodkruid*
opvolgen	*Duizendguldenkruid, loodkruid*
van de wijs gebracht door	*Duizendguldenkruid, loodkruid, walnoot*
REINHEIDSCOMPLEX	*Appel*
RUSTIG	*Esp, duizendguldenkruid, hardbloem, waterviolier*
dromerig	*Bosrank*
bedeesd	*Maskerbloem*
SCHRIK	*Vogelmelk*
SCHULD GEVEN	
anderen	*Wilg*
zichzelf	*Grove den*
SIMULATIES VAN ZIEKTE	
om sympathie te verwerven	*Wilde cichorei, struikhei*
om macht over anderen te behouden	*Wilde cichorei*
uit wrok	*Bindwilg*
om ervaringen te ontlopen	*Bosrank*
om angstgevoelens te vermijden	*Maskerbloem*
uit gebrek aan vertrouwen	*Lariks*
SLAPERIG, SUF	*Bosrank, kamperfoelie*
SMART	*Tamme kastanje, vogelmelk*
SNEL	*Reuzenbalsemien, ijzerhard*
STARHEID	*Beuk, bronwater, ijzerhard, wijnstok*
STRENG	
voor anderen	*Beuk, wilde cichorei, ijzerhard, wijnstok*
voor zichzelf	*Bronwater*

SYMPATHIE	
behoefte aan	*Wilde cichorei, struikhei*
gebrek aan	*Beuk, wijnstok*
TALMEN, UITSTEL	*Lariks, maskerbloem, hardbloem*
TE KORT SCHIETEN	
gevoel van	*Veldiep*
TELEURSTELLINGEN	
ontmoedigd door	*Gentiaan*
doorzetten ondanks	*Zomereik*
toegeven aan	*Gaspeldoorn*
bang voor	*Maskerbloem*
TRIESTHEID, DIEPE DROEFHEID	*Herik, hondsroos*
TROTS	*Waterviolier*
TWIJFEL	*Gentiaan*
UITGEPUT	*Duizendguldenkruid*
door zwakke wil	*Olijf*
fysiek en mentaal	*Haagbeuk*
door spanning en inspanning	*IJzerhard*
als gevolg van apathie	*Hondsroos*
door gebrek aan vitaliteit	*Bosrank*
VERANDERLIJK	*Loodkruid, hardbloem*
VERBETEREN	
willen anderen	*Wilde cichorei*
VERBITTERD	*Hulst, bindwilg*
VERBREKEN VAN OUDE BANDEN	*Walnoot*
VERDOOFD	*Bosrank, reuzenbalsemien*
VERMOEIDHEID	*Duizendguldenkruid, haagbeuk, olijf, hondsroos*
VERTROUWEN	
gebrek aan	*Loodkruid, lariks, hardbloem*
verloren	*Gentiaan, gaspeldoorn*

VERTWIJFELING	*Kerspruim*
VERWAAND	*Wilde cichorei, struikhei, wijnstok*
VITALITEIT	
leeggezogen door anderen	*Agrimonie, duizendguldenkruid, bosrank, maskerbloem*
zuigt anderen leeg	*Loodkruid, wilde cichorei, struikhei, hulst, kamperfoelie, ijzerhard, wijnstok*
VOORBEELD	
wil graag zijn	*Bronwater*
VOORZIEN, VERWACHTEN	
moeilijkheden voor anderen	*Rode kastanje*
van angsten	*Esp*
VREES	
afwezigheid van	*Bosrank, rode kastanje*
voor kanker	*Bosrank, maskerbloem*
voor koude en vocht	*Maskerbloem*
voor duisternis	*Esp, maskerbloem*
voor de dood	*Esp, maskerbloem, zonneroosje*
om bang te zijn	*Esp*
panische	*Zonneroosje*
voor de toekomst	*Agrimonie, maskerbloem*
voor de gezondheid	*Struikhei, maskerbloem*
voor krankzinnigheid	*Kerspruim*
voor iets dat bekend is	*Maskerbloem*
de controle over zichzelf te verliezen	*Kerspruim*
vrienden te verliezen	*Wilde cichorei, struikhei, maskerbloem, olijf*
mentaal	*Esp*
fysiek, ziekte, armoede	*Agrimonie, maskerbloem*

religieus	*Esp*
verborgen	*Esp, maskerbloem*
onbekende oorzaak	*Esp*
vage, onberedeneerde	*Esp*
voor zichzelf indien ziek	*Struikhei, maskerbloem*
WAANVOORSTELLINGEN	*Esp, kerspruim*
WAARDEVOL IN NOODSITUATIES	
mensen die zijn	*Wijnstok, waterviolier*
WANHOOP	
materieel en fysiek	*Gaspeldoorn, zonneroosje*
zonder hoop	*Tamme kastanje*
onbekende oorzaak	*Herik*
door zelfkritiek	*Grove den*
als gevolg van een schrik	*Vogelmelk*
WEIGERT GETROOST TE WORDEN	*Ster van Bethlehem*
WIL	
sterke	*Beuk, wilde cichorei, bronwater, ijzerhard, wijnstok*
zwakke	*Duizendguldenkruid*
soms zwak	*Agrimonie, walnoot*
WISSELENDE STEMMINGEN	*Hardbloem*
WRAAK	*Hulst*
ZELFBEHEERSING	
gebrek aan	*Hardbloem*
heeft	*Waterviolier*
ZELFKRITIEK	*Grove den*
ZELFMEDELIJDEN	*Wilde cichorei, struikhei, bindwilg*
ZELFMOORDENAAR	*Agrimonie, esp, kerspruim, bosrank, maskerbloem, zonneroosje*

ZELFOPOFFERING	*Duizendguldenkruid, bronwater*
ZELFVERLOOCHENING	*Duizendguldenkruid, bronwater*
ZELFVERTROUWEN	*Reuzenbalsemien, ijzerhard, wijnstok, waterviolier*
gebrek aan	*Loodkruid*
door angst	*Maskerbloem*
ZELFVERWIJT	*Grove den*
ZELFVERZEKERD	*Wijnstok, waterviolier*
ZENUWACHTIGHEID	*Maskerbloem*
ZENUWINSTORTING	*Kerspruim, zomereik, hardbloem, ijzerhard*
ZIEKTE	
gesimuleerd	*Wilde cichorei, struikhei, bindwilg*
ZORGEN	
over andermans moeilijkheden	*Rode kastanje*
over eigen problemen	*Struikhei*
verborgen	*Agrimonie*
met veel gedoe	*Wilde cichorei*
in gedachten	*Paardekastanje*
over het welzijn van anderen	*IJzerhard*
ZWAARMOEDIGHEID	*Gentiaan, gaspeldoorn*
om onbekende reden	*Herik*
ZWAKHEID	
door twijfel aan eigen kracht	*Haagbeuk*
door zwakke wil	*Duizendguldenkruid*
door uitputting	*Olijf*
ZWAKKE WIL	*Duizendguldenkruid*
ZWOEGERS	*Zomereik*

BEREIDINGSMETHODEN

Voor de bereiding der remedies worden twee methoden gebruikt:

Middels zonnestraling

Hierbij wordt een dunne glazen schaal bijna tot de rand gevuld met zo zuiver mogelijk water, liefst uit een bron in de directe omgeving. De bloesems van de planten worden direct na het plukken op het water gelegd, zodat zij het gehele wateroppervlak bedekken, waarna zij 3 tot 4 uur aan een krachtige zonnestraling worden blootgesteld, of minder indien zij voor die tijd tekenen van verwelken vertonen. De bloesems worden daarna voorzichtig van het water verwijderd met een takje van dezelfde plant, waarna het water in flessen gegoten wordt.
Deze dienen tot de helft gevuld te zijn. De flessen worden daarna aangevuld met brandewijn om de remedie houdbaar te maken. Deze flessen vormen de basisvoorraad en worden niet voor dosering aan de patiënt gebruikt, hiertoe worden enkele druppels in een ander flesje gedaan, dat daarna aangevuld met water en wat brandewijn voor dosering gebruikt wordt.
De volgende remedies worden op deze manier bereid: agrimonie, duizendguldenkruid, loodkruid, cichorei, bosrank, gentiaan, gaspeldoorn, struikhei, kruidje-roer-me-niet, maskerbloem, eik, olijf, zonneroosje, bronwater, hardbloem, ruwe dravik, ijzerhard, wijnstok, waterviolier, witte kastanje.
Bronwater. Het is reeds lang bekend dat bepaalde bronnen en wellen water leveren, dat sommige mensen kan genezen. Deze wellen of bronnen zijn dan ook bekend om deze eigenschap. Iedere wel of bron waarvan bekend is dat het water geneeskracht bezit en die nog in zijn natuurlijke staat verkeert, vrij van door de mens geplaatste altaren en relikwieën, kan voor het bereiden van deze remedie gebruikt worden.

Door koken

De overige remedies die bij de voorgaande methode niet genoemd zijn, worden door afkoken bereid en wel op de volgende wijze: de soorten, die hierna omschreven zullen worden, dienen een half uur in zuiver water gekookt te worden. De gefiltreerde vloeistof wordt daarna in flessen gegoten tot deze voor de helft gevuld zijn waarna ze na afkoeling bijgevuld worden met brandewijn om de remedies houdbaar te maken.
Kastanjeknop. Voor de bereiding van deze remedie worden knoppen van de kastanjeboom verzameld, op het moment dat zij op het punt staan open te gaan.
Voor de andere remedies dienen de bloesems gebruikt te worden, samen met kleine stukjes van steeltjes en takjes en indien aanwezig jonge verse blaadjes.

METHODE VAN DOSERING

Daar alle remedies zuiver en onschadelijk zijn, behoeft men niet bang te zijn te veel of te vaak te geven, hoewel de benodigde hoeveelheid slechts uiterst gering is. Het is eveneens onmogelijk dat een remedie die verkeerd gekozen is een schadelijke uitwerking kan hebben.
Voor het maken van een doseringsflesje voor een patiënt worden van de basisvoorraad van één of meerdere remedies twee druppels in een 30 ml. met zuiver water gevuld flesje gedaan, waaraan eventueel een theelepeltje brandewijn toegevoegd kan zijn om het middel langer houdbaar te maken.
Vanuit dit flesje wordt gedoseerd en enkele druppels op wat water, wat melk of op welke andere wijze ook ingenomen, is al wat nodig is. In noodgevallen kan om de paar minuten een dosis gegeven worden, tot er verbetering optreedt. In ernstige gevallen kan om het half uur een dosis gegeven worden, terwijl voor toestanden die

reeds lang bestaan een frequentie van om de twee tot drie uur aangehouden kan worden of zoveel vaker of minder vaak als de patiënt goeddunkt.

Bij bewusteloosheid regelmatig de lippen bevochtigen.
In geval van pijn, stijfheid, ontsteking of welk locaal probleem dan ook, dient naast het middel dat inwendig gebruikt wordt, een compres aangebracht te worden. Hiertoe voegt men enkele druppels van het middel bij een schaal met water, waarin een doek gedrenkt wordt die men daarna op de aangedane plaats aanbrengt, en indien nodig van tijd tot tijd opnieuw bevochtigt.
Ook het afsponzen of het baden in water waaraan enkele druppels van het middel zijn toegevoegd kan soms een goede uitwerking hebben.

DE REMEDIES

Alfabetisch volgens de Nederlandse benaming

Alle onderstaande planten met uitzondering van wijnstok, olijf en loodkruid komen normaal in West-Europa op onze breedtegraad voor, hoewel hun landen van origine van Zuid-Europa tot Tibet kunnen liggen. De onderstaande lijst geeft een overzicht van de Nederlandse en de Latijnse namen:

Agrimonie (agrimony), *Agrimonia eupatoria*
Appel (crab apple), *Malus pumila*
Beuk (beech), *Fagus sylvatica*
Bosrank (clematis), *Clematis vitalba*
Bronwater (rock water)
Duizendguldenkruid (centaury), *Centaurium umbellatum*
Eerste hulp remedie (rescue remedy)
Esp (aspen), *Populus tremula*
Gaspeldoorn (gorse), *Ulex europaeus*
Gentiaan (gentian), *Gentiana amarella*

Grove den (pine), *Pinus sylvestris*
Haagbeuk (hornbeam), *Carpinus betulus*
Hardbloem (scleranthus), *Scleranthus annuus*
Herik (mustard), *Sinapis arvensis*
Hondsroos (wild rose), *Rosa canina*
Hulst (holly), *Ilex aquifolium*
IJzerhard (vervain), *Verbena officinalis*
Kamperfoelie (honeysuckle), *Lonicera caprifolium*
Kerspruim (cherry plum), *Prunus cerasifera*
Knop van de paardekastanje (chestnut bud), *Aesculus hippocastanum*
Lariks (larch), *Larix decidua*
Loodkruid (cerato), *Ceratostigma Willmottiana*
Maskerbloem (mimulus), *Mimulus guttatus*
Olijf (olive), *Olea europaea*
Paardekastanje (white chestnut), *Aesculus hippocastanum*
Reuzenbalsemien (impatiens), *Impatiens glandulifera*
Rode kastanje (red chestnut), *Aesculus carnea*
Ruwe dravik (wild oat), *Bromus ramosus*
Struikhei (heather), *Calluna vulgaris*
Tamme kastanje (sweet chestnut), *Castanea sativa*
Veldiep (elm), *Ulmus procera*
Vogelmelk (star of Bethlehem), *Ornithogalum umbellatum*
Walnoot (walnut), *Juglans regia*
Waterviolier (water violet), *Hottonia palustris*
Wilde cichorei (chicory), *Cichorium intybus*
Wilg (willow), *Salix vitellina*
Wijnstok (vine), *Vitis vinifera*
Zomereik (oak), *Quercus robur*
Zonneroosje (rock rose), *Helianthemum nummularium*

DE REMEDIES

Alfabetisch volgens de engelse benaming

Agrimony (agrimonie), *Agrimonia eupatoria*
Aspen (esp), *Populus tremula*
Beech (beuk), *Fagus sylvatica*
Centaury (duizendguldenkruid), *Centaurium umbellatum*

Cerato (loodkruid), *Ceratostigma Willmottiana*
Cherry plum (kerspruim), *Prunus cerasifera*
Chestnut bud (knop van de paardekastanje), *Aesculus hippocastanum*
Chicory (chichorei), *Cichorium intybus*
Clematis (bosrank), *Clematis vitalba*
Crab apple (appel), *Malus pumila*
Elm (veldiep), *Ulmus procera*
Gentian (gentiaan), *Gentiana amarella*
Gorse (gaspeldoorn), *Ulex europaeus*
Heather (struikheide), *Calluna vulgaris*
Holly (hulst), *Ilex aquifolium*
Honeysuckle (kamperfoelie), *Lonicera caprifolium*
Hornbeam (haagbeuk), *Carpinus betulus*
Impatiens (reuzenbalsemien), *Impatiens gladulifera*
Larch (lariks), *Larix decidua*
Mimulus (maskerbloem), *Mimulus guttatus*
Mustard (herik), *Sinapis arvensis*
Oak (eik), *Quercus robur*
Olive (olijf), *Olea europaea*
Pine (den), *Pinus sylvestris*
Red chestnut (rode kastanje), *Aesculus carnea*
Rescue remedy (eerste hulp remedie)
Rock rose (zonneroosje), *Helianthemum nummularium*
Rock water (bronwater)
Scleranthus (hardbloem), *Scleranthus annuus*
Star of Bethlehem (vogelmelk), *Ornithogalum umbellatum*
Sweet chestnut (tamme kastanje), *Castanea sativa*
Vervain (ijzerhard), *Verbena officinalis*
Vine (wijnstok), *Vitis vinifera*
Walnut (walnoot), *Juglans regia*
Water violet (waterviolier), *Hottonia palustris*
White chestnut (paardekastanje), *Aesculus hippocastanum*
Wild oat (ruwe dravik), *Bromus ramosus*
Wild rose (hondsroos), *Rosa canina*
Willow (wilg), *Salix vitellina*

Adressen voor advies en bestellingen in Nederland & België:

Bloesem Remedies Nederland
St. Jansstraat 3
5964 AA Meterik-Horst a/d Maas
tel. +31 (0)77 3897 826 | fax +31 (0)77 3987 827
info@bloesem-remedies.com | www.bloesem-remedies.com

TS Reform bv
Gelreweg 9
3843 AN Harderwijk
tel. +31 (0)341 462 121 | fax +31 (0)467 717
info@tsproducts.nl | www.tsproducts.nl

Chi-levenskracht
Reigerstraat 3
4811 XA Breda
tel. +31 (0)76 5147 031 | fax +31 (0)76 5221 332
info@chi-levenskracht.nl | www.chi-levenskracht.nl

De Walnoot vzw
Vlaams Advies- en Opleidingscentrum Bach Bloemen Remedies
Hanendreef 135
2930 Brasschaat – België
tel. +32 (0)3 6534 753
walnoot@bachbloemenremedies.be | www.dewalnoot.be

Ook bij het Bach-centrum in Engeland kan advies en behandeling worden aangevraagd:

The Dr. Edward Bach Centre
Mount Vernon, Bakers Lane,
Brightwell-cum-Sotwell, Oxon OX10 0PZ
Engeland
Tel. +42 (0)1491 834 678 | fax +42 (0)1491 825 022
mail@bachcentre.com | www.bachcentre.com